AF535963

Schmorgerichte Kochbuch

Die leckersten und abwechslungsreichsten Rezepte für Schmortopf, Cocotte & Co.

Alexander Hübner

Email: info@edition-lunerion.de
www.edition-lunerion.de

Psiana eCom UG
Berumer Str. 44
26844 Jemgum

Vorwort

Langsames Köcheln verbreitet einen immer stärker werdenden Duft, beste Zutaten versprechen feinsten Hochgenuss und die nötige Geduld steigert nur umso mehr die Vorfreude auf die Schlemmerei, die kommen wird: All das ist Kochen im Schmortopf und es verspricht ein Geschmackserlebnis, das Seinesgleichen sucht. Denn von Rind und Wild über Fisch und Eintöpfe bis hin zu himmlischen Süßspeisen gelingen im Schmortopf herrliche Gerichte für jeden Geschmack und dieses Kochbuch zeigt Ihnen die Kunst des köstlichen Schmorens. Wenig Aufwand, keine Geschirrberge und einzigartige Röstaromen: Die Liste der Vorteile des Schmortopfs überzeugt gestresste Köche und Gourmets gleichermaßen. Durch das kombinierte Garverfahren, bei dem Zutaten zunächst angebraten, mit Flüssigkeit abgelöscht und anschließend im geschlossenen Topf fertig geschmort werden, entstehen feinste Röstaromen, die schließlich das ganze Gericht durchziehen. So entsteht unvergleichlich zartes und saftiges Fleisch und Gemüse, Pasta und vieles mehr erhalten eine ganz besondere Würze. Welch vielfältige Leckereien Sie damit zaubern können, zeigt Ihnen nun die liebevolle Rezeptauswahl in diesem Buch: Von würzigem Rehrücken in Portwein über Fisch-Tajine und Champignoneintopf bis hin zu verführerischem Kirsch-Kokos-Auflauf ist aus jedem Bereich reichlich geboten und Fleischfans, Vegetarier, Veganer und Naschkatzen kommen gleichermaßen auf Ihre Kosten. Sie fürchten, das ist komplizierte Kunst? Keinesfalls, denn das Prinzip des Schmorens ist denkbar simpel und dank der einfachen Schritt-für-Schritt-Anleitungen gelingt Ihnen jede Leckerei auf Anhieb! Also schnappen Sie sich Ihre Schürze und probieren Sie sich kreuz und quer durch die himmlischen Schlemmereien!

Guten Appetit!

INHALT

Er schmort so vor sich hin...

Sie wollen leckere vielseitige Gerichte genießen, ohne dabei stundenlang in der Küche zu stehen? Das klassische Kochen mithilfe eines Schmortopfes bietet Ihnen genau das. Die frischen Zutaten werden in den Schmortopf hineingegeben und über längere Zeit bei wenig Hitze gegart. Anschließend können Sie ein einzigartiges und ohne großen Aufwand zubereitetes Gericht genießen und müssen nicht unzählige Töpfe oder Pfannen nach dem Kochen putzen.

Sie werden wahrscheinlich den klassischen Römer-Tontopf kennen, in dem Ihre Großmutter die köstlichsten Gerichte gezaubert hat, als Sie klein waren. Der Schmortopf unterscheidet sich vom Römer-Tontopf – abgesehen von seiner Optik – vor allem dadurch, dass er vielseitiger in der Küche eingesetzt werden kann. Während sich der Römer-Tontopf nur zum Backen im Ofen eignet, handelt es sich beim Kochen mit einem Schmortopf um ein kombiniertes Garverfahren: Zunächst werden die Zutaten im Schmortopf angebraten und dann mit Flüssigkeit, wie beispielsweise Brühe, Wasser oder Rotwein, abgelöscht. Anschließend wird alles bei wenig Hitze im geschlossenen Topf fertig gegart. Dies geschieht, je nach Rezept, auf dem Herd oder im Ofen. Der einzigartige Geschmack von im Schmortopf zubereiteten Gerichten entsteht durch die beim Anbraten entstehenden Röstaromen. Diese entfalten sich nicht bloß im eigentlichen Schmorgut, sondern ebenso in der Flüssigkeit, die Sie dem Fleisch, Fisch oder Gemüse hinzugefügt haben. So gelingt Ihnen die Basis einer aromatischen Soße, die Sie perfekt zu dem fertigen Gericht servieren können! Nach den ersten gelungenen Versuchen werden Sie wissen, wie unglaublich lecker und besonders Gerichte aus dem Schmortopf schmecken!

Alles, was Sie für die Rezepte aus diesem Buch benötigen, ist ein Schmortopf. Schmortöpfe gibt es in vielen verschiedenen Materialien mit unterschiedlichen Größen und Formen zu kaufen. Sehr beliebt sind Töpfe aus Gusseisen, weil sie sehr robust sind und sich für den Backofen eignen. Zudem eignen sie sich für einen Induktionsherd. Töpfe aus Kupfer oder Edelstahl sind vor allem wegen ihrer Optik gefragt, so eignen sie sich zugleich zum Servieren. Der Vorteil bei Aluminium ist der, dass diese Töpfe angenehm leicht sind und durch eine Antihaftbeschichtung das Kochen so gut wie ohne Fett oder Flüssigkeit ermöglichen. Töpfe aus Eisen sind besonders hitzebeständig, weil sie mit einer Schicht Emaille ausgestattet sind. Hitzebeständig sollte aber jeder Schmortopf sein – auch der Deckel und die Griffe! Möchten Sie den Schmortopf auch zum Servieren benutzen, ist es wichtig, dass dieser mit einer kratzfesten Beschichtung ausgestattet ist, damit das Fleisch direkt im Topf geschnitten werden kann. Hinsichtlich der Form des Topfes ist Folgendes zu beachten: Während sich die ovale Form für Gerichte mit Ente, Kaninchen oder Fisch eignet, können Gerichte wie Rouladen, Gulasch oder andere Braten in Töpfen mit eckiger Form besser zubereitet werden. Welchen Topf Sie letztendlich auswählen, hängt davon ab, was Ihre Vorlieben sind und ob Sie zum Beispiel große Mengen kochen möchten oder nur für sich allein.

Beim Kauf sollten Sie auch auf die Qualität des Topfes achten, da diese für das spätere Kochen sehr wichtig ist. Der Topf sollte ofenfest sein und der Deckel muss fest auf dem Topfrand aufliegen, sodass der Dampf, der beim Kochen entsteht, im Topf bleibt und die Gerichte zart und saftig werden. Manche Deckel besitzen ein Ventil. Dafür, dass das zubereitete Gericht am Ende aber schön saftig und zart ist, sorgt, wie gesagt, der sich bildende Wasserdampf im Topf. Durch ein Ventil kann dieser hinaustreten, weshalb das Fleisch nicht so zart wird, wie es werden sollte. Außerdem muss der Topfboden Wärme schnell aufnehmen können, damit das Gargut von der gesamten Grundfläche aus perfekt geschmort wird. Achten Sie bei Ihrer Auswahl auf wärmeisolierte Griffe am Rand des Topfes. Diese sollten eine ergonomische Form haben, falls Sie sich für einen großen Topf entscheiden. Auf diese Weise fällt das Tragen leichter! Investieren Sie beim Kauf also lieber etwas mehr Zeit und Geld, als am Ende einen Schmortopf gekauft zu haben, mit dem die Gerichte nicht so gut gelingen, wie es bei einem qualitativ hochwertigen Topf der Fall wäre. Das Tolle beim Schmoren ist die Vielseitigkeit der Einsetzbarkeit des Schmortopfes. Von herzhaften Gerichten mit Fisch, Fleisch, Tofu oder Gemüse über Obst bis hin zu Desserts gelingen Ihnen unzählige Gerichte. Auch können Sie langfaseriges Fleisch schmoren, das beim Braten allein nicht zart und saftig werden würde. Nun wünsche ich Ihnen viel Freude am Kochen der nun folgenden Rezepte!

Brot aus dem Schmortopf

KNUSPRIGES DINKEL-MISCHBROT

4 Port.

3 Tage

Leicht

Zutaten

Für den Vorteig:
5 g Salz
190 g Dinkel-Vollkornmehl
½ TL Frischhefe
170 g Wasser

Für den Autolyseteig:
390 g Weizenmehl (Type 550)
240 g sehr warmes Wasser

Für den Hauptteig:
Vorteig
Autolyseteig
1 gehäufter TL Salz
4 g Frischhefe
Etwas Öl

Nährwerte p. P.

533 kcal
101 g Kohlenhydrate
4 g Fett
18 g Eiweiß

1 Zutaten für den Vorteig vermengen und 50-60 Minuten beiseitestellen. Dann 3 Tage kühl stellen.

2 Zutaten des Autolyseteigs verkneten und weitere 50-60 Minuten zugedeckt gehen lassen.

3 Beide Teigsorten und die weiteren Zutaten für den Hauptteig mit einer Küchenmaschine ein paar Minuten auf niedriger Stufe vermengen, dann weitere 3-4 Minuten auf höherer Stufe.

4 Teig zwei Stunden zur Seite stellen und jeweils nach 40 und 70 Minuten dehnen und falten. Teig aus der Schale nehmen, diese einölen und dann den Teig zu einem runden Brot formen. Den Laib zurück in die Schüssel setzen, bemehlen und weitere 25 Minuten ruhen lassen.

5 Brotlaib in den bei 250 °C Ober-/Unterhitze vorgeheizten Schmortopf setzen und bei 220 °C mit aufgesetztem Deckel 45 Minuten backen.

LANDBROT

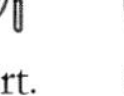
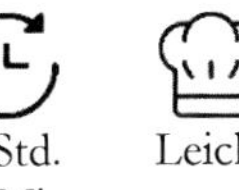

4 Port. | 8 Std. 10 Min. | Leicht

Zutaten

490 g Weizenvollkornmehl
½ EL Salz
490 ml Buttermilch
1 Pck. Trockenhefe
240 g Roggenvollkornmehl
2 TL Ahornsirup
4 l Malzextrakt
½ EL Brotgewürz
Etwas Mehl
Etwas Öl

Nährwerte p. P.

695 kcal
135 g Kohlenhydrate
6 g Fett
26 g Eiweiß

1 Alle Zutaten mischen und 12 Minuten mit einer Küchenmaschine kneten, bis Blasen zu sehen sind.

2 Teig in eine große Schale geben, mit etwas Mehl bestäuben und abgedeckt 5 Stunden ruhen lassen.

3 Teig herausnehmen, Schüssel einölen, Teig wieder hineingeben, dreimal einschlagen und weitere 2 Stunden gehen lassen.

4 Ofen auf 240 °C Ober-/Unterhitze samt Topf vorheizen. Teig in den heißen Schmortopf stürzen, den Brotlaib zweimal oben einschneiden, Deckel aufsetzen und 40-50 Minuten backen.

GESUNDES SAMEN-BROT

4 Port.

1 Tag

Leicht

Zutaten

390 g Dinkelvollkornmehl
1 EL Frischhefe
45 g Leinsamen
45 g Sesam
620 ml warmes Wasser
190 g Roggenmehl
2 TL Essig
45 g Sonnenblumenkerne
½ EL Honig
190 g Weizenmehl
1 EL Salz
Senfkörner
Kümmel
Fenchelsamen
Etwas Grieß

Nährwerte p. P.

881 kcal
135 g Kohlenhydrate
20 g Fett
30 g Eiweiß

1 Hefe und Honig im Wasser auflösen. Dann die übrigen Zutaten, bis auf den Grieß, untermischen. Den Teig 20 Stunden lang zugedeckt ruhen lassen.

2 Teig auf bemehlter Fläche zu einem Rechteck ziehen, falten und ein paar Male einschlagen. Zudecken und weitere 3 Stunden gehen lassen.

3 Schmortopf mit Deckel im Ofen auf 230 °C Ober-/Unterhitze vorheizen.

4 Schmortopf mit Grieß ausstreuen und das Brot hineingeben. Bei 210-220 °C 35-45 Minuten mit Deckel backen. Deckel abnehmen und weitere 12 Minuten kross backen.

NUSSBROT

 4 Port.

 1 Tag

 Leicht

Zutaten

2 TL Chiasamen
45 g gehackte Walnüsse
1 TL Trockenhefe
490 g Dinkelvollkornmehl
35 g gehackte Pekannüsse
540 ml warmes Wasser
240 g helles Dinkelmehl
1 EL Salz

Nährwerte p. P.

781 kcal
123 g Kohlenhydrate
18 g Fett
27 g Eiweiß

1 Alle trockenen Zutaten vermengen, Wasser hinzugießen und mit einem Löffel verrühren. Abgedeckt 18 Stunden lang gehen lassen.

2 Schmortopf mit Backpapier auslegen und mit Deckel auf 230 °C Ober-/Unterhitze vorheizen.

3 Teig in den Topf geben, oben rautenförmig einritzen und mit Deckel 35 Minuten backen. Deckel abnehmen und weitere 12 Minuten fertig backen.

BAUERNBROT

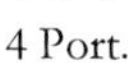

4 Port. | 6 Std. 20 Min. | Mittel

Zutaten

980 g Weizenmehl (Type 550)
20 g Salz
4 TL Öl
1 TL Trockenhefe
680 ml warmes Wasser

Nährwerte p. P.

888 kcal
177 g Kohlenhydrate
6 g Fett
27 g Eiweiß

1 Hefe und Mehl mischen und mit Wasser mixen. Mit Frischhaltefolie abdecken und 70 Minuten beiseitestellen.

2 Salz untermischen und mit einer Küchenmaschine auf höherer Stufe 3-4 Minuten verrühren. Dann in eine geölte Schale geben, erneut abdecken und 40 Minuten ruhen lassen.

3 Teig herausnehmen, mittig falten und weitere 90 Minuten in der Schale gehen lassen.

4 Teig erneut falten. Eine Ecke des Teiges so falten, dass noch 1/3 des Teiges zu sehen ist, und dieses Drittel darüberlegen. Teig um 90 Grad nach rechts drehen und den Vorgang wiederholen. Teig rundlich nachformen.

5 Geschirrtuch in eine Schale legen, mit Mehl bestäuben und den Brotlaib hineinsetzen. Tuch über dem Teig zusammenschlagen und alles für 90 Minuten kühl stellen.

6 Gesamten Schmortopf in den Ofen auf unterste Schiene setzen und diesen auf 250 °C Ober-/Unterhitze vorheizen. Teigling in den Topf geben, einritzen und mit Wasser besprühen. Deckel aufsetzen und 14-16 Minuten backen. Temperatur auf 220 °C reduzieren und knapp 20 Minuten weiterbacken. Deckel abnehmen und das Brot ca. 12 Minuten lang fertig backen.

Schmorgerichte mit Fleisch

BOEUF BOURGUIGNON MIT KARAMELLISIERTER AUBERGINE UND KARTOFFELPÜREE

4 Port.

3 Std.

Mittel

Zutaten

Olivenöl
1,1 kg Gulasch vom Rind
4 Zweige Thymian
4 Möhren
4 Zweige Rosmarin
8 EL Zucker, braun
Salz und Pfeffer
2 Auberginen
½ Knollensellerie
Je ca. 2 ½ l Brühe und Rotwein
4 TL Tomatenmark
10 Kartoffel
Pflanzenöl

Nährwerte p. P.

1322 kcal
65 g Kohlenhydrate
17 g Fett
48 g Eiweiß

1 Sehnen vom Fleisch entfernen, das Fett nicht wegschneiden. Möhren und Sellerie säubern, schälen und in grobe Würfel schneiden.

2 Fleisch heiß im Topf anbraten. Das Gemüse hinzugeben und alles kurz weiter braten.

3 Tomatenmark, Thymian und Rosmarin ebenfalls in den Topf geben und mit jeweils 1 l von der Brühe und dem Wein ablöschen. Alles 2 Stunden und 20-40 Minuten bei mittlerer Temperatur schmoren. Sofern das Fleisch nicht mehr mit Flüssigkeit bedeckt ist, Brühe und Wein hinzu kippen.

4 Kartoffeln schälen und in kleinere Stücke schneiden. Diese in Pflanzenöl bräunlich anbraten, dann ca. 600 ml Wasser dazugeben und 8-12 Minuten bei wenig Hitze weiter garen. Ab und zu durchrühren, danach grob stampfen.

5 Aubergine säubern, in Scheiben schneiden und beidseitig in Olivenöl stark anbraten. Mit etwas Salz und dem Zucker im Ofen wenige Minuten leicht karamellisieren lassen (Umluft ca. 160 °C).

6 Das Boeuf Bourguignon würzen und mit der karamellisierten Aubergine und dem Püree anrichten.

DAS KLASSISCHE GULASCH

4 Port.

2 Std. 20 Min.

Leicht

Zutaten

30 g Soft-Tomaten, getrocknet
580 g Gulasch vom Rind
6 TL Olivenöl
6 TL Rotweinessig
340 ml Rinderfond
4 Möhren
2 Lorbeerblätter
5 Stiele Thymian
3 große Zwiebeln
380 g Knollensellerie
Salz, Pfeffer
Paprikagewürz, rosenscharf und edelsüß
3 kleine Knoblauchzehen
4 TL Tomatenmark

Nährwerte p. P.

410 kcal
37 g Kohlenhydrate
18 g Fett
24 g Eiweiß

1 Tomaten 8 Minuten in heißes Wasser legen. Knoblauch schälen und zerkleinern. Sellerie, Zwiebeln und Möhren schälen und klein schneiden. Tomaten durch ein Sieb gießen und klein schneiden. Blätter vom Thymian entfernen und zerkleinern.

2 Öl im Schmortopf erwärmen, Knoblauch und Zwiebeln hineingeben, kurz anbraten, dann Tomatenmark dazugeben. 2 TL Rosenscharf-Paprika und 4 TL Edelsüßpaprika untermischen. Möhren, Thymian, Sellerie, Fleisch, Lorbeerblätter und die Tomaten hinzufügen und mit dem Essig und dem Rinderfond begießen. Zum Kochen bringen.

3 Deckel aufsetzen und alles bei wenig Hitze ca. 2 Stunden garen, ab und zu durchrühren. Zuletzt abschmecken und ggf. eine Weile weiter schmoren, bis das Fleisch zart ist.

IN PORTWEIN MARINIERTER WÜRZIGER REHRÜCKEN

4 Port.

2 Std.
10 Min.

Mittel

Zutaten

2,4 kg Rehrücken (am Knochen)
2 Möhren
¼ Knollensellerie
5 Scheiben Speck, weiß
5 Pimentkörner
3 kleine Zwiebeln
1 Sternanis
6 TL Balsamicoessig
390 ml Rotwein
1 Nelke
190 ml Portwein
1 EL Preiselbeermarmelade
4 TL Butterschmalz
390 ml Wildfond
70 g Butter
1 TL Pfeffer, Körner
4 Wacholderbeeren
3 Lorbeerblätter
Salz und Pfeffer

Nährwerte p. P.

1158 kcal
26 g Kohlenhydrate
37 g Fett
142 g Eiweiß

1 Fleisch behutsam mit einem scharfen Messer von dem Knochen ablösen. Fleischreste am Knochen auch abschneiden.

2 Pimentkörner, Pfefferkörner, Portwein, Nelke, Sternanis, Wacholderbeeren und Lorbeerblätter vermengen, in eine Auflaufform geben und das Fleisch darin einlegen. Die Form über Nacht kühl stellen.

3 Sellerie und Möhren säubern und in grobe Stücke schneiden. Zwiebeln schälen und jeweils in acht Stücke schneiden.

4 Fleisch aus der Form nehmen und abtupfen. Die Marinade aufbewahren.

5 Fleischreste und Knochen in 2 TL Schmalz gut anbraten. Sellerie, Möhren und Zwiebeln mit hineingeben und kurz weiterbraten. Balsamico dazu gießen und alles mit dem Wein ablöschen. Zusammen mit der Marinade zum Kochen bringen. Wildfond hinzugeben und alles 1 Stunde und 20-40 Minuten schmoren, bis die Flüssigkeit zur Hälfte verdunstet ist.

6 Den Ofen auf 70 °C Umluft einstellen. Fleisch im Rest des Butterschmalzes überall gut anbraten. Die Speckscheiben um das Fleisch wickeln und 15 Minuten in den Ofen geben.

7 Die Soße sieben, mit der Marmelade gemeinsam zum Kochen bringen und würzen. Die Butter stückchenweise einrühren. Soße und Gemüse zu dem Fleisch servieren, dieses vorher in ca. 3 cm dicke Scheiben schneiden.

IRISH PIE MIT LAMMFLEISCH

4 Port.

2 Std.

Leicht

Zutaten

580 g Lammkeule (ohne Knochen)
2 TL Tomatenmark
950 ml Wasser
3 kleine Knoblauchzehen
290 g Zwiebeln, gehackt
95 g Perlgraupen
½ Topf Minze
390 g Kartoffeln
6 TL Öl
1 ½ EL Pistazienkerne
1 Lorbeerblatt
320 ml Bier
Paprikagewürz, edelsüß
Salz und Pfeffer

Nährwerte p. P.

419 kcal
43 g Kohlenhydrate
9 g Fett
35 g Eiweiß

1 Fleisch abtupfen und in größere Stücke schneiden. Knoblauch schälen und hacken.

2 Fleischstücke mit 4 TL Öl acht Minuten heiß anbraten. Knoblauch und Zwiebeln dazu geben und bei mäßiger Hitze ein paar Minuten weiter braten. Tomatenmark hinzufügen, umrühren und mit dem Wasser ablöschen.

3 Graupen, etwas Salz und Pfeffer, Lorbeerblatt, ½ EL des Paprikagewürzes sowie das Bier dazu geben. Deckel auflegen und alles 55-65 Minuten schmoren lassen.

4 Minze säubern und hacken. Schale der Kartoffeln entfernen und Scheiben schneiden. Pistazien hacken.

5 Minze mit in die Pfanne geben und alles abschmecken. Kartoffelscheiben darauf verteilen, den Rest Öl darüber geben, salzen und 35 Minuten bei 175 °C backen. Danach die Pistazien darüber streuen.

LECKERE RINDERROULADEN

4 Port.

2,5 Std.

Leicht

Zutaten

6 Rinderrouladen (jeweils ca. 190 g)
8-10 Scheiben Speck, geräuchert und durchwachsen
1 Möhre
2 große Gewürzgurken
1 ½ EL Senf, mittelscharf
3 TL Mehl
3 große Zwiebeln
2 TL Tomatenmark
4 TL Butterschmalz
740 ml Wasser
Salz und Pfeffer
Holzspieße oder Rouladennadeln

Nährwerte p. P.

566 kcal
21 g Kohlenhydrate
36 g Fett
40 g Eiweiß

1 Zwiebeln schälen und die Hälfte würfeln, die andere Hälfte in Ringe schneiden. Gurken säubern, in Streifen schneiden, würzen und den Senf darauf verteilen. Möhre schälen, säubern und stückeln.

2 Rouladen mit etwas Speck, Gurke und ein paar Zwiebelringen aufrollen und befestigen.

3 Rouladen in dem Schmalz ringsherum anbraten, dann herausnehmen und die Zwiebel- und Möhrenwürfel braten. Tomatenmark hinzugeben, das Wasser hinzugießen und zum Kochen bringen.

4 Rouladen wieder hineinlegen und alles 100-110 Minuten schmoren.

5 Die Soße mittels eines Siebs in einen anderen Topf gießen. Mehl mit 60 ml kaltem Wasser vermengen und dann unter die Soße geben. Alles ein paar Minuten kochen lassen, würzen und zu den Rouladen servieren.

CHILI MIT WILDSCHWEINFLEISCH

4 Port. 3 Std. 10 Min. Leicht

Zutaten

3 große Möhren
390 g Bohnen, tiefgekühlt
4 TL Mehl
980 g Gulasch vom Wildschwein
6 TL Öl
980 ml Wasser
1 Zimtstange
2 große Zwiebeln
3 kleine Knoblauchzehen
2 Lorbeerblätter
Schale von 1 Zitrone, Bio
Chiliflocken
4 Stiele Thymian
4 Wacholderbeeren
Grobes Meersalz, Salz und Pfeffer

Nährwerte p. P.

700 kcal
22 g Kohlenhydrate
51 g Fett
37 g Eiweiß

1 Knoblauch und Zwiebeln schälen und hacken. Möhren schälen und in Scheiben schneiden. Gulasch abtupfen, in Öl im Topf stark anbraten und würzen.

2 Möhren, Zwiebeln und Knoblauch wenige Minuten im Bratfett braten. Fleisch hinzufügen und das Mehl darauf geben.

3 Lorbeerblätter, Wasser, Zimt, Wacholderbeeren und etwas Chili mit aufkochen und alles ca. 2 Stunden und 20 Minuten schmoren.

4 Thymian säubern und die Blätter hacken. Mit 2 TL Meersalz und der Zitronenschale vermengen.

5 12-15 Minuten vor Ende der Zeit Bohnen ins Gulasch geben. Gulasch mit etwas Pfeffer und Salz bestreuen.

GEFÜLLTER BRATEN VOM WILDSCHWEIN

6 Port.

3 Std.
20 Min.

Mittel

Zutaten

2,8 kg Wildschweinfleisch am Knochen
2 Nelken
240 ml Milch
4 große Zwiebeln
½ TL Pfeffer, schwarz
8 Scheiben Speck, weiß
3 EL Mehl
¼ Knollensellerie
1 Prise Muskatnuss
2 Eier
90 g Champignons
9 Scheiben Bauernbrot, dunkel
480 ml Wildbrühe
5 EL Butter, kalt
190 g Maronen, gekocht
½ Topf Petersilie
½ EL Koriandersamen
980 ml Rotwein
3 große Möhren
3 Schalotten
2 Lorbeerblätter
95 ml Waldhonig
980 ml Schwarzbier
Salz und Pfeffer

Nährwerte p. P.

1257 kcal
78 g Kohlenhydrate
34 g Fett
118 g Eiweiß

1 Fleisch säubern und abtupfen. Vom Knochen ablösen und Sehnen herausschneiden. Mit Salz und Pfeffer einreiben. Die Reste und Knochen bei 190 °C Umluft auf einem Blech ca. 10 Minuten backen.

2 Fleischreste und Knochen in einen Topf legen und mit zwei Zwiebeln (halbiert und ungeschält) und 740 ml Rotwein 40 Minuten mit geschlossenem Deckel schmoren.

3 Sellerie und Möhren schälen und stückeln. Die restlichen Zwiebeln ebenfalls schälen und achteln. Schalotten schälen und würfeln. Kruste vom Brot entfernen und würfeln. Pilze säubern und klein schneiden. Maronen hacken, Petersilie säubern und ebenfalls hacken. Maronen, Pilze, Petersilie, Brotwürfel, Honig und Schalotten vermischen. Milch etwas erwärmen und Salz, Pfeffer und Muskat hinzugeben. Dann zu der Brotmischung geben und mit den Eiern gut vermengen.

4 Fleisch am Knochenschnitt aufklappen, beidseitig eine Tasche hineinschneiden und mit der Brotmischung befüllen. Die Füllung auch in die Mitte der Keule geben. Alles zusammenlegen und mit Küchengarn fest zuschnüren.

5 Knochenbrühe sieben. Gefüllte Keule gut anbraten, danach herausnehmen. Zwiebeln, Möhren und Sellerie anbraten. Gewürze hinzufügen und Brühe dazugießen. Braten darauf legen und mit Speck belegen. Bier hinzugeben und alles im vorgeheizten Ofen bei 170 °C Umluft mit geschlossenem Deckel 120 Minuten schmoren. Ab und zu das Fleisch mit der Soße begießen. Gemüse sieben, die Soße dabei auffangen und den Braten bei 195 °C offen ca. 6-8 Minuten kross backen.

6 2 EL Butter warm machen, Mehl hinzugeben und etwas anbräunen, bis alles andickt. Soße aus dem Schmortopf zum Kochen bringen und die Mehlschwitze einrühren. Vom Herd nehmen und den Rest der Butter hinzufügen und unterrühren. Zu dem Braten servieren.

EINFACHER RINDERBRATEN

6 Port.

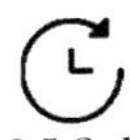
2,5 Std.

Leicht

Zutaten

1 kg 450 g Braten vom Rind
2 Zwiebeln
240 ml Brühe
Senf
2 große Zehen Knoblauch
4 TL Öl
120 ml trockener Rotwein
Salz und Pfeffer

Nährwerte p. P.

539 kcal
7 g Kohlenhydrate
34 g Fett
44 g Eiweiß

1 Braten würzen und mit Senf einreiben.

2 Öl erhitzen und Braten überall gut anbraten. Rotwein hinzugießen und bei wenig Hitze 6-8 Minuten köcheln lassen.

3 Zwiebeln und Knoblauch schälen und hacken, dann in die Pfanne geben. Kurz darauf die Brühe hinzufügen.

4 Alles bei 175 °C Ober-/Unterhitze ca. 2 Stunden mit Deckel schmoren. Ab und zu umrühren und ggf. Brühe nachgießen. Soße am Ende abschmecken und andicken.

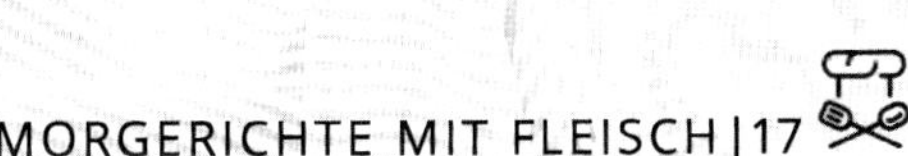

HULI-HULI-HÄHNCHEN

 2 Port.

 50 Min.

 Leicht

Zutaten

2 EL Limettensaft
1 Knoblauchzehe
8 Hähnchenflügel
75 ml Sojasoße
580 g Ananas
2 TL Sesamöl
7 Korianderstiele
90 g Tomatenketchup
1 Chilischote
20 g Ingwer

Nährwerte p. P.

516 kcal
53 g Kohlenhydrate
24 g Fett
26 g Eiweiß

1 Ananas schälen, Strunk entfernen, 1/3 der Ananas stückeln und mit 45 ml Sojasoße, 1 EL Limettensaft, Ketchup und Sesamöl mixen. Chili, Ingwer, Koriander und Knoblauch hacken und 2/3 davon unter die Marinade rühren.

2 Hähnchen mit der Marinade einreiben und in den gefetteten Schmortopf legen. Bei 210 °C Umluft auf mittlerer Schiene knapp 25 Minuten offen backen.

3 Den Rest Ananas in Scheiben schneiden und den übrigen Limettensaft sowie die Sojasoße mit dem verbliebenen Ingwermix mischen. Ananasscheiben auf einen Teller geben und Marinade darüber geben. Hähnchen darauflegen.

LAPIN À LA MOUTARDE (GEBACKENES KANINCHEN IN SENFSOßE)

4 Port.

35 Min.

Leicht

Zutaten

1 kg 400 g Kaninchenfleisch, in 6 Teilen (küchenfertig)
4 TL Öl
1 Topf Basilikum
195 g Crème fraîche
3 EL Senf, scharf
390 ml trockener Weißwein
190 ml Hühnerbrühe
Salz und Pfeffer

Nährwerte p. P.

778 kcal
5 g Kohlenhydrate
41 g Fett
72 g Eiweiß

1 Fleisch säubern und abtupfen. Pfeffer, Salz, Öl und Senf vermengen und das Fleisch damit einreiben. Im Schmortopf wenige Minuten braten.

2 Brühe und Wein hinzugießen und 25 Minuten schmoren lassen. Fleisch 2- bis 3-mal mit der Soße begießen.

3 Fleisch herausnehmen und warmhalten. Soße bis zur Hälfte einkochen lassen, dann Crème fraîche einrühren und zum Kochen bringen. Danach würzen.

4 Soße zu dem Fleisch servieren und gezupfte, gesäuberte Basilikumblätter darüber geben.

WIENER WIRTSHAUSGULASCH

 6 Port.

 10 Std.

 Mittel

Zutaten

1,4 kg Wadschunken vom Rind
3 TL Apfelessig
70 g Paprikagewürz, edelsüß
Butterschmalz
½ TL Koriandersamen
410 ml Bier
½ EL Zucker
1,4 kg Zwiebeln
Wasser
2 Lorbeerblätter
2 TL Paprikagewürz, rosenscharf
Salz und Pfeffer
1 EL Majoran, getrocknet

Nährwerte p. P.

824 kcal
26 g Kohlenhydrate
48 g Fett
64 g Eiweiß

1 Wadschunken abtupfen und in Stücke schneiden. Kümmel mörsern. Zwiebeln schälen und würfeln.

2 Butterschmalz erwärmen und das Fleisch darin nach und nach gut anbraten. Dann herausnehmen.

3 Nochmals Schmalz erwärmen und die Hälfte der Zwiebeln bei normaler Temperatur bräunlich rösten. Zucker dazugeben und den Rest der Zwiebeln mit rösten.

4 Die Hälfte des süßen Paprikagewürzes in den Topf geben, anbraten und Fleisch wieder hineingeben. Bier eingießen und alles gut 3,5 Stunden geschlossen bei 85 °C Umluft garen. Topf im Ofen erkalten lassen und für einen Tag kühl stellen.

5 Gulasch langsam auf dem Herd erwärmen. Wasser zum Kochen bringen und Ofen auf 175 °C Umluft vorheizen.

6 Das übrige Paprikapulver, Majoran und Kümmel unterrühren. Essig hineingeben und so viel Wasser dazu gießen, bis das Fleisch zu 2/3 bedeckt ist. Lorbeerblätter hineinlegen, würzen und weitere 3,5 Stunden mit Deckel garen.

7 Gulasch erkalten lassen, noch eine Nacht kühl stellen und am nächsten Tag bei 155 °C Umluft mit Deckel 2,5 Stunden garen. Ggf. Wasser nachfüllen.

PAPRIKA GEFÜLLT MIT HACK

4 Port.

50 Min.

Leicht

Zutaten

2 kleine Zwiebeln
490 ml Gemüsebrühe
Paprikagewürz
95 g Reis, gekocht
1 Knoblauchzehe
8 Paprikaschoten
2 TL Mehl
2 TL Butter
Zucker
490 g Hackfleisch, gemischt
1 Ei
75 g Tomatenmark
Salz und Pfeffer

Nährwerte p. P.

479 kcal
32 g Kohlenhydrate
27 g Fett
28 g Eiweiß

1 Knoblauch und Zwiebeln schälen und hacken. Mit dem Hack und dem Reis vermengen. Aufgeschlagenes Ei unterrühren und mit den Gewürzen gut abschmecken.

2 Gehäuse der Paprika herausschneiden und mit der Hackmasse füllen.

3 Butter in einer Pfanne erwärmen, Mehl dazugeben, dann mit Brühe ablöschen. Tomatenmark einrühren und alles mit Salz, Zucker und Pfeffer würzen.

4 Paprikaschoten und Soße im Schmortopf 25 Minuten im vorgeheizten Ofen bei 195 °C Umluft backen.

FASAN

4 Port.

1 Std.
15 Min.

Leicht

Zutaten

1 Fasan
10 Scheiben Speck, weiß
4 TL Calvados
½ EL Wacholderbeeren
3 kleine Knoblauchzehen
1 Möhre
1 Prise Muskatnuss
1 Petersilienwurzel
2 große Zweige Rosmarin
Preiselbeermarmelade
3 EL Pflanzenöl
2 große Zweige Salbei
4 EL Honig
160 ml Geflügelbrühe
½ EL Senfkörner
4 TL Olivenöl
2 TL Worcestersoße
2 kleine Zwiebeln
Salz und Pfeffer

Nährwerte p. P.

972 kcal
37 g Kohlenhydrate
48 g Fett
92 g Eiweiß

1 Fasan säubern, Brust, Flügel und Keulen abtrennen. Alle Teile würzen.

2 Möhre, Petersilienwurzel und Zwiebeln schälen und würfeln. Knoblauch schälen und hacken. Salbei und Rosmarin säubern, Blätter abzupfen und hacken. Wacholderbeeren und Senfkörner mörsern.

3 Knoblauch, Rosmarin, Senfkörner, Salbei, Wacholderbeeren, Muskat, Olivenöl, Honig, Worcestersoße und Calvados mischen, dann pürieren.

4 Schmortopf fetten. Möhren, Petersilienwurzel und Zwiebeln hineingeben und würzen.

5 Pflanzenöl in einer Pfanne erwärmen und alle Fleischteile gut anbraten. Fleisch mit der Calvados-Soße bestreichen, in den Schmortopf legen und den Deckel draufsetzen. Bei 175 °C Ober-/Unterhitze im vorgeheizten Ofen 14-18 Minuten backen.

6 Brühe hinzugießen, Fasan ein weiteres Mal mit der Marinade bestreichen und bei 130 °C 35 Minuten mit geschlossenem Deckel weiterbacken. Danach anrichten und mit der Marmelade genießen.

UNGARISCHES GULASCH

4 Port.

3 Std.

Leicht

Zutaten

950 g Rindfleisch, in größeren Würfeln
290 ml Rinderfond
1 EL Majoran
½ TL Paprikagewürz, rosenscharf
1 rote Zwiebel, in feinen Scheiben
3 Lorbeerblätter
Ein paar Petersilienblätter
1 EL Paprikagewürz, edelsüß
Ggf. 1 EL Stärke
1 Pck. Pick Ungarische Salami (Kolbàsz)
2 TL Butterschmalz
440 g Zwiebeln, grob gehackt
55 ml Essig
4 TL Tomatenmark
Salz und Pfeffer

Nährwerte p. P.

969 kcal
17 g Kohlenhydrate
65 g Fett
73 g Eiweiß

1 Schmalz im Schmortopf erwärmen und Zwiebeln bei wenig Hitze 12-15 Minuten braten. Paprikagewürze und Tomatenmark einrühren. Majoran, Fleisch und Lorbeerblätter hineinlegen.

2 Alles mit geschlossenem Deckel 2 ½ Stunden schmoren, nach gut 2 Stunden schauen, ob das Fleisch schon gar ist.

3 Salami-Scheiben in den Topf geben und alles weitere 10 Minuten garen. Zum Schluss würzen.

COQ AU VIN

4 Port. | 1 Std. 10 Min. | Leicht

Zutaten

6 Keulen vom Hähnchen
3 kleine Möhren
1 rote Paprikaschote
4 TL Tomatenmark
240 g Champignons
2 Stangen Staudensellerie
Etwas Petersilie, gehackt
1 großer Zweig Thymian
680 ml trockener Rotwein
3 Knoblauchzehen
Öl
6 kleine Schalotten
1 Baguette
6 Scheiben Bacon
Salz und Pfeffer

Nährwerte p. P.

934 kcal
73 g Kohlenhydrate
32 g Fett
57 g Eiweiß

1 Keulen am Gelenk in zwei Hälften teilen und in etwas Öl im Schmortopf überall anbraten.

2 Schalotten schälen und vierteln. Knoblauch schälen und hacken. Bacon in Streifen schneiden. Sellerie und Möhren säubern und würfeln. Alles mit in den Topf geben und die gehackten Blätter vom Thymian hinzufügen.

3 Tomatenmark mit hineingeben und kurz darauf mit dem Wein ablöschen. Kurz aufkochen lassen, würzen und im vorgeheizten Ofen bei 190 °C Umluft 40 Minuten bei geschlossenem Deckel backen.

4 Pilze und Paprikaschote säubern, klein schneiden und mit Öl etwa 10 Minuten braten. Petersilie hinzugeben und alles würzen.

5 Baguette in Scheiben schneiden und zu dem Gemüse und den Hähnchenkeulen mit der Soße servieren.

GESCHMORTE GANS

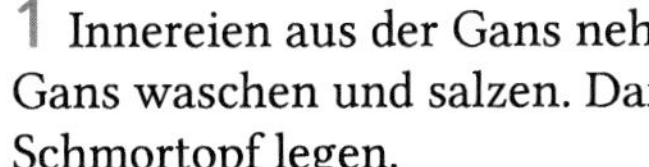

6 Port. 8 Std. 40 Min. Mittel

Zutaten

1 Gans (küchenfertig)
480 ml Brühe
Etwas Thymian
3 kleine Zwiebeln
2 große Äpfel
4 große Möhren
Etwas Salbei
2 Stangen Staudensellerie
Salz und Pfeffer

Nährwerte p. P.

493 kcal
19 g Kohlenhydrate
19 g Fett
59 g Eiweiß

1 Innereien aus der Gans nehmen und Gans waschen und salzen. Dann in den Schmortopf legen.

2 Zwiebeln schälen und hacken. Äpfel entkernen und würfeln, Sellerie stückeln. Alles vermengen und mit Thymian, Salz, Pfeffer und Salbei würzen.

3 Gemüsemischung in die Gans stopfen und die Öffnung verschließen. Brühe in den Topf gießen, bis dieser 2 cm hoch bedeckt ist, ggf. übrig gebliebenes Gemüse dazulegen.

4 Gans mit dem Bauch nach oben 60 Minuten im vorgeheizten Ofen bei 210 °C Ober-/Unterhitze backen. Dann die Hitze auf 75 °C reduzieren und die Gans ungefähr 7 Stunden schmoren lassen, ggf. Brühe nachgießen.

5 Füllung aus der Gans herausnehmen und als Beilage servieren.

SCHASCHLIKSPIEẞE

4 Port. | 1 Std. 10 Min. | Leicht

Zutaten

480 g Schweinefleisch
1 ½ EL Kreuzkümmel
Etwas Currypulver
290 g Schinkenspeck (am Stück)
6 TL Honig
2 große Zwiebeln
3 Paprikaschoten
Etwas Knoblauchgranulat
780 g passierte Tomaten
Etwas Paprikagewürz, edelsüß
160 ml Fleischbrühe
5 TL Öl
Salz und Pfeffer

Nährwerte p. P.

691 kcal
35 g Kohlenhydrate
35 g Fett
53 g Eiweiß

1 Fleisch, geschälte Zwiebeln, Speck und Paprikaschoten in größere Stücke schneiden. Abwechselnd auf Spieße stecken, abgeschlossen werden sollte jeweils mit Fleisch oder Speck.

2 Spieße in etwas Öl überall gut anbraten, dann beiseitelegen.

3 Den übrigen Speck, Zwiebeln und Paprika auch kurz anbraten und eine Weile garen. Brühe hinzugießen und alles in den Schmortopf füllen. Tomaten dazugeben und mit Curry, Honig und den anderen Gewürzen abschmecken.

4 Hitze reduzieren, Spieße in den Topf legen und alles ca. 1 ½ Stunden schmoren lassen.

OSSOBUCO (DAS KLASSISCHE ITALIENISCHE SCHMORGERICHT)

4 Port.

2 Std.

Leicht

Zutaten

210 g Möhren
1 Zwiebel
510 ml Gemüsebrühe
Abgeriebene Schale einer Zitrone
4 Kalbsbeinscheiben
½ Topf glatte Petersilie
210 g Staudensellerie
110 ml trockener Weißwein
2 Knoblauchzehen
Weizenmehl
1 Dose stückige Tomaten
2 EL Olivenöl
2 TL Tomatenmark

Nährwerte p. P.

724 kcal
18 g Kohlenhydrate
33 g Fett
78 g Eiweiß

1 Sellerie und Möhren säubern und würfeln. Zwiebel schälen und hacken. Knoblauch ebenfalls schälen. Zitrone und Petersilie säubern, letztere abtupfen, Blätter abzupfen und Zitrone abtrocknen. Kalbsbeinscheiben abwaschen, abtupfen und die Haut dreimal rundherum einritzen. Beidseitig salzen, pfeffern und in etwas Mehl wenden.

2 Olivenöl erwärmen und Fleisch darin gut anbraten, dann herausnehmen. Tomatenmark und Zwiebelstücke im Bratfett andünsten und übriges Gemüse unterrühren. Tomaten zufügen und zuletzt mit Brühe und Wein ablöschen.

3 Fleisch mit in den Topf legen, Deckel aufsetzen und bei 195 °C Ober-/Unterhitze 90 Minuten backen.

4 Petersilie säubern, hacken und Knoblauch ebenfalls hacken. Beides mit der Zitronenschale mischen. Schmortopf aus dem Ofen nehmen, Kalbsbeinscheiben auf Teller verteilen, Soße darüber geben und die Zitronen-Petersilie-Mischung darüberstreuen.

HIRSCHGULASCH MIT BIRNENMUS UND SELBSTGEMACHTEN KNÖDELN

6 Port. 1 Std. 40 Min. Mittel

Zutaten

680 g Hirschfleisch
1 Zweig Rosmarin
580 g Birnenkompott
½ Staudensellerie
½ EL Pfefferkörner
½ EL Zucker
10 Scheiben Serviettenknödel
480 ml Wildfond
2 TL Tomatenmark
4 große Zwiebeln
3 große Knoblauchzehen
340 ml Rotwein
1 Petersilienwurzel
1 Orange, Bio
1 Zweig Thymian
2 EL Pflanzenöl
4 Pimentkörner
3 kleine Möhren
3 Lorbeerblätter
½ EL Wacholderbeeren
Salz und Pfeffer

Nährwerte p. P.

677 kcal
79 g Kohlenhydrate
18 g Fett
36 g Eiweiß

1 Sehnen am Fleisch entfernen und Fleisch stückeln. Möhren, Petersilienwurzel, Sellerie und Zwiebeln schälen und in größere Stücke schneiden. Knoblauch mit einem großen Messer zerdrücken, bis die Schale platzt. Orange säubern und Schale abreiben, dann Saft auspressen. Zucker und Tomatenmark mischen.

2 Öl im Topf erwärmen und Wurzelgemüse ein paar Minuten gut anbraten. Herausnehmen und das Fleisch in Öl gut anbraten. Tomatenmark langsam in die Mitte des Topfes geben und karamellisieren lassen. Mit dem Fleisch verrühren und anschließend den Rotwein hineingießen, dann den Fond.

3 Orangensaft und -schale, Kräuter, Knoblauch, Gemüse und Gewürze in den Topf geben und mit Deckel 70-80 Minuten schmoren, bis das Fleisch zart ist. Ggf. Wasser nachfüllen, sodass das Fleisch immer bedeckt ist.

4 Würzen und mit heißem Birnenkompott und Serviettenknödeln anrichten.

SCHWEINEBAUCH ASIATISCH

4 Port.

2,5 Std.

Mittel

Zutaten

Für den Schweinebauch:
½ Chilischote, gehackt
980 ml Wasser
1,1 kg Schweinebauch ohne Schwarte
2 TL Apfelessig
1 kleines Stück Ingwer
1 EL Honig
3 Knoblauchzehen

Für die Glasur:
1 Sternanis
2 TL brauner Zucker
55 ml Sojasoße
1 TL Apfelessig
½ Chilischote, gehackt
2 EL Honig

Außerdem:
½ Chilischote, gehackt
380 g Jasminreis
3 Frühlingszwiebeln

Nährwerte p. P.

1236 kcal
88 g Kohlenhydrate
73 g Fett
51 g Eiweiß

1 Schwarte vom Schweinebauch ablösen, diesen dann würfeln. Knoblauchzehen schälen, halbieren, Ingwer schälen und in Scheiben schneiden.

2 Wasser erwärmen und Ingwer, Chili, Knoblauch, Essig sowie Honig in den Topf geben. Schweinebauch hineinlegen und aufkochen. Hitze verringern und 2 Stunden schmoren.

3 Sojasoße, Essig, braunen Zucker, Honig, Sternanis und Chili vermengen.

4 Schweinebauch etwas erkalten lassen. Öl in einer Pfanne erwärmen, Schweinebauch hineinlegen und 8-12 Minuten gut anbraten.

5 Glasur hineingeben und Schweinebauch ein paar Male wenden.

6 Frühlingszwiebeln säubern, klein schneiden und mit Chili und gedämpftem Jasminreis vermengen. Zu dem Schweinebauch servieren.

DER KLASSISCHE SAUERBRATEN IN KRÄUTERPRINTENSOßE

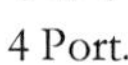

4 Port. | 3 Wochen | Mittel

Zutaten

980 g Braten vom Rind

Für die Marinade:
740 ml kräftiger Rotwein
8 Wacholderbeeren
1 Möhre
2 Lorbeerblätter
2 TL Salz
5 Pimentkörner
480 ml Himbeeressig
2 TL Zucker
4 Gewürznelken
3 kleine Zwiebeln

Für die Soße:
3 kleine Zwiebeln
Ggf. Mehl
5 TL Fett
4 TL Zuckerrübensirup
130 g Kräuterprinten
Ggf. Zuckercouleur
75 g Rosinen
Salz und Pfeffer

Nährwerte p. P.

984 kcal
73 g Kohlenhydrate
36 g Fett
48 g Eiweiß

1 Zutaten für die Marinade im Topf aufkochen. Wenige Minuten köcheln, dann abkühlen lassen. Fleisch hineinlegen, gut abdecken und 20 Tage im Kühlschrank lagern.

2 Fleisch herausnehmen, abtupfen und im Fett gut anbraten. Zwiebeln schälen, hacken und dazugeben. Würzen und 5 Minuten braten.

3 Kräuterprinten zerkleinern und mit der Hälfte der Rosinen um das Fleisch legen. Sirup hineingießen und alles eine Weile weiterbraten. Dann die Hälfte der Marinade hinzufügen. Deckel aufsetzen und alles 2 Stunden schmoren. Nach und nach den Rest der Marinade hinzugeben.

4 Wenn das Fleisch zart ist, Braten herausnehmen, warmhalten und die Soße mixen. Falls die Soße nicht dick genug ist, Mehl mit etwas kaltem Wasser verrühren und unterrühren.

5 Die übrigen Rosinen hinzugeben und alles weitere 10 Minuten schmoren. Abschmecken und zu dem Braten servieren.

BORSCHTSCH (RUSSISCHER RINDFLEISCH-EINTOPF MIT ROTER BETE)

4 Port.

3 Std.

Leicht

Zutaten

290 g Rote Bete
3 kleine Zwiebeln
1 Petersilienwurzel
60 g saure Sahne
1 Lorbeerblatt
1,9 l Gemüsebrühe
3 große Möhren
290 g Suppenfleisch, Rind
2 kleine Kartoffeln (festkochend)
1 Stange Lauch
1 Prise Zucker
4 TL Tomatenmark
190 g Weißkohl
95 g Schmalz
2 TL Kräuteressig
Salz und Pfeffer

Nährwerte p. P.

618 kcal
33 g Kohlenhydrate
41 g Fett
27 g Eiweiß

1 Möhren, Rote Bete, Kartoffeln, Zwiebeln und Petersilienwurzel schälen und klein schneiden. Kohl säubern und hacken. Lauch säubern und der Länge nach einritzen.

2 Brühe erwärmen. Möhren, Zwiebeln, Lorbeerblatt, Lauch und Suppenfleisch hineingeben und bei wenig Hitze 2 Stunden schmoren. Nach der Hälfte der Zeit würzen. Fleisch herausnehmen, Brühe sieben und auffangen. Kartoffeln und Kohl in der Brühe 20 Minuten kochen.

3 Rote Bete und Möhren bei normaler Hitze 12-15 Minuten in dem Schmalz braten. Zucker, Essig und Tomatenmark unterrühren. Fleisch klein schneiden und dazugeben. Alles ein paar Minuten kochen, dann würzen und mit der sauren Sahne genießen.

JJIMDAK (GESCHMORTES HÜHNCHEN)

 2 Port.

 40 Min.

 Mittel

Zutaten

2 Frühlingszwiebeln
4 Knoblauchzehen
2 Möhren
210 ml Ganjang (koreanische Sojasoße)
2 TL geriebener Ingwer
1 Tasse brauner Zucker
2 Kartoffeln
90 ml süßer Reiswein
190 g Glasnudeln
2 Zwiebeln
420 g Hühnerfleisch
Sesamsamen
4 Tassen Wasser

Nährwerte p. P.

1393 kcal
206 g Kohlenhydrate
21 g Fett
68 g Eiweiß

1 Hühnchen würfeln. Glasnudeln in heißes Wasser einlegen. Zwiebeln schälen und würfeln. Möhren sowie Frühlingszwiebeln säubern und klein schneiden. Kartoffeln schälen und würfeln.

2 Sojasoße, Zucker, Reiswein, Sesamöl, Frühlingszwiebeln, Wasser und Knoblauch (gehackt) vermengen.

3 Hühnchen in den Schmortopf legen, Soße dazugießen, aufkochen und nach wenigen Minuten Möhren, Zwiebeln und Kartoffeln hinzufügen. Alles ohne Deckel bei hoher Hitze 8-12 Minuten köcheln lassen. Dann die Glasnudeln untermischen und 6-8 Minuten weiterkochen.

4 Jjimdak auf Tellern verteilen und Sesamsamen darüberstreuen.

HAXE VOM KALB

4 Port.

1 Tag

Leicht

Zutaten

240 g weiße Bohnen, getrocknet
4 Kalbshaxen (insg. 2 kg)
9 Knoblauchzehen
390 g stückige Tomaten (Dose)
2 EL Butterschmalz
30 g Liebstöckel, gehackt
Salz und Pfeffer

Nährwerte p. P.

578 kcal
3 g Kohlenhydrate
15 g Fett
106 g Eiweiß

1 Bohnen einen Tag eher einweichen. Dann mit genügend Wasser zum Kochen bringen und abschäumen. Bei wenig Hitze 50 Minuten garen.

2 Kalbshaxenscheiben würzen und in Schmalz im Schmortopf anbraten. Knoblauch schälen, halbieren und dazugeben.

3 Tomaten sieben und Saft zum Fleisch geben. Die Hälfte der Liebstöckel auf das Fleisch streuen und bei wenig Hitze 1 ½ Stunden zugedeckt schmoren. Hin und wieder durchrühren und Wasser dazugeben.

4 25 Minuten vor Ende der Zeit Bohnen in den Topf geben, würzen, Tomaten hinzugeben, nochmals würzen und die übrigen Liebstöckel hineinstreuen.

5

KANINCHEN IN WEISSWEIN MIT KÜRBIS UND MARONEN

4 Port. | 1 Std. 40 Min. | Mittel

Zutaten

410 g Kürbis
10 Schalotten
80 g Butter
2 Knoblauchzehen
1 Kaninchen (in Stücke zerteilt)
2 Stangen Staudensellerie
2 Zimtstangen
210 ml Hühnerbrühe
2 EL Petersilie, gehackt
Je 2 EL Rosmarin und Thymian
260 g Petersilienwurzel
3 EL Olivenöl
410 ml trockener Weißwein
210 g Maronen, geschält und vorgegart
Salz und Pfeffer

Nährwerte p. P.

1239 kcal
99 g Kohlenhydrate
46 g Fett
90 g Eiweiß

1 Fleisch würzen und mit geschältem und angedrücktem Knoblauch in Öl anbraten. Kräuter und Zimt hineingeben. Dann Brühe und Wein hineinfüllen.

2 Schmortopf in den kalten Ofen setzen und bei 195 °C Ober-/Unterhitze 40-50 Minuten garen.

3 Gemüse säubern und stückeln. Mit den Maronen zum Kaninchen geben und weitere 35 Minuten schmoren.

4 Topf herausnehmen, Fond in einen anderen Topf füllen und etwas einkochen lassen. Petersilie und Butter langsam einrühren und alles würzen. Fleisch und Gemüse mit der Soße begießen und genießen.

Fisch & Meeresfrüchte

ROTBARSCH IN LECKERER TERIYAKI-KARAMELL-SOẞE

4 Port.

40 Min.

Leicht

Zutaten

65 g Zucker
2 große Knoblauchzehen, gehackt
290 g Jasminreis
90 ml Teriyaki-Soße
Etwas Pfeffer
3 kleine Zwiebeln
4 Rotbarschfilets
1 EL Butter
1 Glas Mungobohnenkeime

Nährwerte p. P.

481 kcal
85 g Kohlenhydrate
6 g Fett
19 g Eiweiß

1 Fisch abspülen und trocken tupfen. Zucker bei normaler Hitze im Schmortopf karamellisieren, dann abkühlen lassen.

2 Knoblauch, in Streifen geschnittene Zwiebeln, Teriyaki-Soße und Mungobohnenkeime unterrühren und alles kurz köcheln lassen.

3 Fisch pfeffern, in den Schmortopf legen und bei 175 °C Umluft auf niedrigster Schiene knapp 25 Minuten backen.

4 Reis in Salzwasser kochen und zu dem Fisch und der Soße servieren.

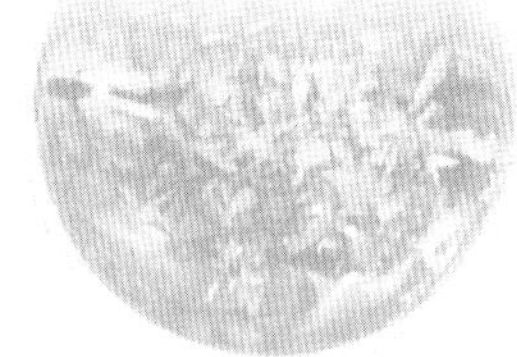

TONNO BRIACO ALLA MARCHIGIANA (BESOFFENER THUNFISCH)

4 Port. 1,5 Std. Leicht

Zutaten

Für die Steaks:
1 Topf Petersilie (glatt)
55 g Schmalz
4 Thunfischsteaks
190 ml Fischbrühe
1 Lorbeerblatt
2 kleine Zwiebeln
Etwas Essig
95 ml Marsala (trocken)
950 ml Wasser
1 Prise Salz und Pfeffer

Für die Soße:
5 Sardellenfilets
Etwas Zitronensaft
75 g Butter
2 TL Kapern
1 Prise Salz und Pfeffer

Für das Brot:
8 Scheiben Weißbrot
Olivenöl

Nährwerte p. P.

543 kcal
8 g Kohlenhydrate
36 g Fett
46 g Eiweiß

1 Thunfisch in Essigwasser wenige Minuten kochen, dann unter kaltes Wasser halten.

2 Petersilie säubern, Zwiebeln schälen und stückeln. Schmalz im Topf erwärmen und Fisch, Lorbeerblatt, Zwiebeln, Petersilie, Salz und Pfeffer dazugeben und von allen Seiten anbraten.

3 Brühe und Marsala hineingießen und 35 Minuten schmoren.

4 Etwas Öl erwärmen und Brot darin beidseitig anbraten. Fisch aus dem Sud nehmen, auf das Brot legen und warm stellen.

5 Sardellen stückeln, Sud sieben, aufkochen und Sardellen, Butter und Kapern hineingeben. Mit Salz, Pfeffer und Zitronensaft würzen.

MEERESFRÜCHTE-REIS-TOPF

4 Port.

2,5 Std.

Leicht

Zutaten

520 g Miesmuscheln
2 Knoblauchzehen
360 ml Weißwein
1 Lorbeerblatt
210 g Reis
520 ml Fleischbrühe
1 Zwiebel
½ EL Salz
1 Zweig Thymian
Etwas Safran
130 g Möhren
420 g Scampi
130 g Lauch
45 ml Öl
110 g Tintenfisch

Nährwerte p. P.

625 kcal
61 g Kohlenhydrate
12 g Fett
45 g Eiweiß

1 Muscheln säubern, Fäden entfernen und geöffnete Muscheln entsorgen. Im Topf mit 210 ml Wein erhitzen und köcheln lassen, bis alle Muscheln offen sind. Sieben und geschlossene Muscheln entsorgen.

2 Knoblauch und Zwiebel schälen und hacken. Lauch säubern und klein schneiden. Möhren säubern und hobeln.

3 Möhren und Lauch mit Knoblauch und Zwiebeln ein paar Minuten in Öl anbraten. Salzen und Reis hineingeben.

4 Safran in etwas Wasser einlegen, mit dem übrigen Wein und der Brühe zum Reis geben, verrühren und Lorbeerblatt hineinlegen.

5 Masse in den Schmortopf füllen und mit Deckel in den kalten Ofen auf die unterste Schiene stellen. Bei 195 °C Umluft 45-55 Minuten garen.

6 Scampi und Tintenfische in Streifen schneiden. Beides mit den Muscheln und dem Thymian in den Topf geben und 12 Minuten weitergaren.

7 Lorbeerblatt herausnehmen und alles noch einmal durchrühren.

GESCHMORTER FISCH – ASIATISCHE ART

4 Port. 45 Min. Mittel

Zutaten

130 g Fleisch vom Schwein
35 g Ingwer
7 EL Rapsöl
440 ml Gemüsebrühe
160 g Shiitake-Pilze
60 ml Reiswein
1 Loup de mer (geschuppt)
4 Knoblauchzehen
5 Frühlingszwiebeln
240 g Bambussprossen
4 TL Speisestärke
½ Zwiebel
95 ml Sojasoße
Etwas Zucker
Etwas Wasser

Nährwerte p. P.

1291 kcal
23 g Kohlenhydrate
57 g Fett
172 g Eiweiß

1 Fleisch abtupfen und in schmale Scheiben schneiden. Pilze säubern, Stiele abtrennen. Bambussprossen abtropfen lassen und auch in Scheiben schneiden.

2 Knoblauch schälen und hacken. Ingwer schälen und in Scheiben schneiden. Zwiebel schälen und in Ringe schneiden.

3 Fisch säubern, abtupfen und ein paar Male beidseitig bis zur Gräte einritzen.

4 6 EL Öl im Topf erwärmen und 3 Scheiben Ingwer mit dem Fisch von beiden Seiten ein paar Minuten anbraten. Fisch beiseitelegen und Öl mit Ingwer abgießen.

5 Topf auswischen und mit dem Rest des Öls erwärmen. Fleisch kurzzeitig gut anbraten, dann zum Fisch legen.

6 Knoblauch, Pilze, den übrigen Ingwer und Zwiebelringe ein paar Minuten anbraten. Dann Brühe, Zucker, Sojasoße und Reiswein hinzugeben. Anschließend das Ganze mit Fleisch und Fisch mit geschlossenem Deckel bei normaler Hitze 10 Minuten schmoren.

7 Frühlingszwiebeln säubern und klein schneiden. Nach 10 Minuten Fisch umdrehen und Frühlingszwiebeln mit in den Topf geben. Weitere 5 Minuten köcheln lassen.

8 Fisch auf eine Platte legen. Wasser mit Speisestärke verrühren, zur Soße geben und alles unter Rühren zum Kochen bringen. Würzen und über den Fisch gießen.

PAK CHOI MIT KABELJAU

4 Port. 20 Min. Leicht

Zutaten

70 ml Wasser und
Wasser zum Einlegen
4 Stücke Kabeljau
30 ml Sojasoße
1 Knoblauchzehe, gehackt
1 Kopf Pak Choi
30 ml Weißwein (trocken)
Etwas Ingwer, gehackt

Nährwerte p. P.

205 kcal
6 g Kohlenhydrate
2 g Fett
40 g Eiweiß

1 Ingwer, Sojasoße, Knoblauch und Wein verrühren.

2 Pak Choi säubern, hacken und mit Wasser in eine Schale tun. Nass herausnehmen und in den Schmortopf geben. 70 ml Wasser hinzugeben, Deckel aufsetzen und bei wenig Hitze ein paar Minuten köcheln lassen.

3 Wasser herausschütten und Soja-Mischung in den Topf geben. Kabeljau würzen und auf das Gemüse legen. Deckel aufsetzen und 6-8 Minuten köcheln lassen.

FISCH-TAJINE

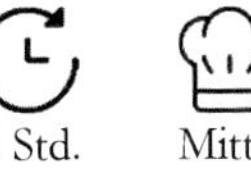

4 Port. | 1 Std. 50 Min. | Mittel

Zutaten

3 kleine Zwiebeln
1 Topf glatte Petersilie
4,9 l Gemüsebrühe
2 große Möhren
4 EL Rosinen
3 EL Olivenöl
1 rote Paprikaschote
1 Zitrone
2 Handvoll Aprikosen, getrocknet
30 g Honig

Für den Fisch:
720 g Fischfilets
½ Zitrone
Je 1 Prise Salz und Pfeffer

Für die Gewürzmischung:
½ EL Koriander, gemahlen
Etwas Pfeffer
½ EL Kreuzkümmel
Etwas Safranpulver
½ EL Paprikagewürz

Nährwerte p. P.

418 kcal
47 g Kohlenhydrate
12 g Fett
32 g Eiweiß

1 Fisch würfeln und würzen. Zitrone pressen und den Saft auf den Fisch geben. Dann kühl stellen.

2 Gewürze für die Gewürzmischung vermengen. Zwiebeln schälen und in Ringe schneiden. Möhren säubern, schälen und klein schneiden. Paprikaschote säubern, Kerne entfernen und in Streifen schneiden. Zitrone säubern und in Scheiben schneiden.

3 Gesamtes Gemüse mit der Gewürzmischung mischen und 20 Minuten ziehen lassen. Dann in Öl ein paar Minuten anbraten.

4 Auf das Gemüse abwechselnd die Zitronenscheiben, dann die Aprikosen und die Rosinen schichten. Brühe und Honig hineinfüllen, Petersilie säubern, darüber streuen und mit Deckel auf unterster Schiene bei 170 °C Umluft 35-40 Minuten backen.

5 Fisch hineingeben und weitere 6-8 Minuten backen.

ROTBARSCH-KÜRBIS-TOPF

2 Port. 45 Min. Leicht

Zutaten

50 g Naturreis
2 TL Olivenöl
80 g grüne Bohnen
2 Schalotten
210 g Rotbarschfilet
60 g Frischkäse
110 g Zucchini
1 Knoblauchzehe
210 g Butternuss-Kürbis
60 g Kochsahne
2 TL Petersilie, gehackt
80 g TK-Erbsen
520 ml Gemüsebrühe
1 TL Zitronensaft
Salz und Pfeffer

Nährwerte p. P.

466 kcal
52 g Kohlenhydrate
16 g Fett
30 g Eiweiß

1 Reis in Salzwasser gar kochen. Sieben und beiseitestellen.

2 Kürbis schälen, Kerne entfernen und würfeln. Möhren, Knoblauch und Schalotten schälen und klein schneiden. Zucchini säubern und würfeln. Bohnen säubern und halbieren. Erbsen antauen lassen.

3 Knoblauch, Kürbis, Schalotten und Möhren im Topf mit etwas Öl erwärmen und 4 Minuten anbraten. Brühe zugeben und zum Kochen bringen. Bohnen, Reis und Zucchini hineingeben und mit Deckel 8 Minuten bei normaler Temperatur garen.

4 Fisch grob würfeln, mit Zitronensaft, Salz und Pfeffer würzen und Petersilie auf dem Fisch verteilen.

5 Sahne und Frischkäse in den Topf rühren. Erbsen und Fisch zugeben und bei wenig Hitze 5-7 Minuten köcheln lassen. Danach würzen.

MIESMUSCHELN AUS DEM SCHMORTOPF

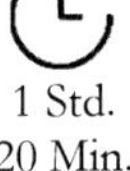

4 Port. | 1 Std. 20 Min. | Leicht

Zutaten

2,2 kg Miesmuscheln
2 Lorbeerblätter
240 g Champignons
Cayennepfeffer
2 Bund Suppengrün
45 ml Olivenöl
520 ml trockener Weißwein
Etwas Oregano und Thymian, getrocknet
2 große Zwiebeln
Salz und Pfeffer

Nährwerte p. P.

745 kcal
42 g Kohlenhydrate
20 g Fett
71 g Eiweiß

1 Muscheln säubern und offene Muscheln entsorgen. Suppengrün säubern und stückeln. Zwiebeln schälen und hacken. Pilze säubern und in Stücke schneiden.

2 Öl erwärmen und Pilze mit Gemüse kurz anbraten. Wein hineingießen und Kräuter und Lorbeerblätter dazugeben. Alles würzen.

3 Mit Deckeln bei 195 °C Umluft knapp 40 Minuten backen, bis die Muscheln offen sind.

4 Herausnehmen und die noch geschlossenen Muscheln entsorgen.

SPINAT-GNOCCHI MIT ZITRONEN-SEELACHS

2 Port.

1 Std.

Leicht

Zutaten

1 EL Gemüsebrühepulver
290 ml Sahne
2 Seelachsfilets
240 g Spinat
420 g Gnocchi
1 EL Speisestärke
Abgeriebene Schale von 4 Zitronen
Speiseöl
90 ml Milch
Salz und Pfeffer

Nährwerte p. P.

1052 kcal
83 g Kohlenhydrate
65 g Fett
34 g Eiweiß

1 Die Milch, die Hälfte der Zitronenschale, die Sahne, die Speisestärke und die Brühe vermengen und würzen.

2 Spinat und Gnocchi in den Topf geben und Sahnemischung hinzugießen. Deckel aufsetzen und 25-35 Minuten bei 175 °C Ober-/Unterhitze im vorgeheizten Ofen backen.

3 Lachs mit etwas Öl und der übrigen Zitronenschale in einen Gefrierbeutel geben. Beutel gut verschließen und so schütteln, dass sich die Marinade gut verteilt.

4 Nach der Garzeit Fisch auf die Gnocchi legen und weitere 25 Minuten mit geschlossenem Deckel garen.

GEFÜLLTER TINTENFISCH AUS DEM SCHMORTOPF

2 Port. 1 Std. Leicht

Zutaten

4 gesäuberte Tintenfischtuben
Etwas gehackte Petersilie
Olivenöl
4 kleine Tintenfische
Semmelbrösel
3 Knoblauchzehen
Salz und Pfeffer

Nährwerte p. P.

622 kcal
76 g Kohlenhydrate
9 g Fett
55 g Eiweiß

1 Tintenfische säubern, „Skelett" entfernen und klein schneiden.

2 Knoblauch schälen, hacken und mit den Tintenfischen, den Semmelbröseln (nicht alle), der Petersilie, dem Öl, dem Salz und dem Pfeffer mischen.

3 Masse in den Tintenfischtuben verteilen. Enden mit Rouladennadeln verschließen. In den Schmortopf geben, mit etwas Öl bestreichen und die übrigen Semmelbrösel darauf verteilen.

4 Bei 175 °C Ober-/Unterhitze 25 Minuten backen.

THIEBOUDIENNE (FISCH MIT REISPFANNE AUS DEM SENEGAL)

4 Port.

50 Min.

Leicht

Zutaten

60 ml Öl
4 TL Petersilie, gehackt
340 g Reis
3 große Möhren, geschält und halbiert
1 große Chilischote, gehackt
½ Weißkohl, in großen Stücken
1 Meerbrasse
950 ml Wasser
1 Knoblauchzehe, gehackt
2 kleine Zwiebeln, gerieben
3 große Tomaten, geschält und gehackt
1 große Auberginen, geviertelt
140 g Tomatenmark
Salz und Pfeffer

Nährwerte p. P.

1166 kcal
99 g Kohlenhydrate
19 g Fett
145 g Eiweiß

1 Fisch einkerben. Knoblauch, Chili, Zwiebeln und Petersilie mischen und in die Kerben geben. 2 Stunden ziehen lassen.

2 Fisch in Stücke teilen und in Öl anbraten.

3 Tomatenmark, Wasser, Gemüse und Tomaten im Schmortopf garen, dann würzen.

4 Fisch auf das Gemüse legen und weitere 12 Minuten garen. Danach warm stellen.

5 Reis in der Soße (ggf. Wasser hinzufügen) kochen, bis er gar ist. Dann auf einer Servierplatte verteilen und Gemüse und Fisch darauflegen.

LACHSFILET MIT GESCHMORTER GURKE

 4 Port.
 30 Min.
 Leicht

Zutaten

1 Topf Petersilie

Für den Lachs:
420 g Lachsfilet
4 EL Öl
Salz und Pfeffer

Für die Gurken:
2 Gurken
190 ml saure Sahne
2 Zwiebeln
190 ml Gemüsebrühe
4 TL Paprikagewürz, edelsüß

Nährwerte p. P.

397 kcal
10 g Kohlenhydrate
28 g Fett
25 g Eiweiß

1 Gurken säubern, schälen und längs halbieren. Kerne herauslösen und dann stückeln. Zwiebeln schälen und würfeln.

2 Lachs abspülen, abtupfen und in größere Stücke schneiden. Dann in Öl bei normaler Hitze von allen Seiten kurzzeitig anbraten. Herausnehmen und würzen.

3 Gurken und Zwiebeln mit dem Paprikagewürz ein paar Minuten garen. Brühe und Sahne dazugießen und ein paar Minuten weiterkochen.

4 Petersilie säubern und hacken. Lachs zu den geschmorten Gurken servieren und Petersilie darauf verteilen.

GESCHMORTE GARNELEN

4 Port. 45 Min. Leicht

Zutaten

2 Knoblauchzehen
210 g Spitzpaprika
2 große Zwiebeln
½ EL Harissapaste (Chilipaste)
4 Flaschentomaten
110 ml Wasser
1 TL Zitronenabrieb
30 TK-Riesengarnelen
45 ml Olivenöl
5 Thymianzweige
Salz

Nährwerte p. P.

258 kcal
17 g Kohlenhydrate
12 g Fett
24 g Eiweiß

1 Paprika säubern, Kerne entfernen und in Streifen schneiden. Tomaten säubern und grob stückeln. Zwiebeln schälen und achteln.

2 Paprika und Zwiebeln 4 Minuten in Salzwasser kochen, sieben und dann mit gehacktem Knoblauch, Garnelen, Thymian und Zitronenabrieb in den Schmortopf geben.

3 Wasser und Harissapaste mixen und in den Topf gießen. Durchrühren und das Öl darüber geben. Alles salzen und auf mittlerer Ebene in den kalten Ofen setzen.

4 Bei 195 °C Ober-/Unterhitze 35 Minuten garen.

FISCHAUFLAUF NACH PORTUGIESISCHER ART

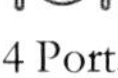

4 Port. 1 Std. 20 Min. Leicht

Zutaten

580 g Kartoffeln
2 große Tomaten
780 g Fischfilet (frisch)
2 große Zwiebeln
70 g Käse, gerieben
3 rote Paprikaschoten
1 Msp. Chilipulver
2 Knoblauchzehen
90 ml Weißwein
75 ml Olivenöl
1 Topf glatte Petersilie
190 g Kochschinken
Salz

Nährwerte p. P.

597 kcal
41 g Kohlenhydrate
25 g Fett
49 g Eiweiß

1 Kartoffeln schälen, säubern und klein schneiden. Dann in Salzwasser kochen.

2 Knoblauch und Zwiebeln schälen und hacken. Paprika säubern und klein schneiden. Tomaten säubern und ebenfalls klein schneiden. Petersilie säubern und hacken. Schinken würfeln.

3 Öl erwärmen und Paprika, Zwiebeln, Chili, Schinken und Knoblauch etwas anbraten. Wein, Petersilie und Tomaten hinzufügen und ein paar Minuten weiterbraten. Mit Salz abschmecken.

4 Fisch abspülen, abtupfen, achteln und salzen. Mit Kartoffeln und Paprikasoße im Schmortopf schichten und Käse darauf verteilen. Bei 190 °C Umluft knapp 25 Minuten backen.

GESCHMORTER WOLFSBARSCH

4 Port.

50 Min.

Mittel

Zutaten

4 Wolfsbarsche (küchenfertig)
30 g Ingwer
60 g heller Kandiszucker
60 ml helle Sojasoße
580 ml Wasser
90 ml Rotwein
5 Sternanis
60 ml dunkle Sojasoße
4 Frühlingszwiebeln
2 Eier
60 ml schwarzer Reisessig
60 ml Pflanzenöl
40 g Knoblauch
1 TL Salz

Nährwerte p. P.

361 kcal
25 g Kohlenhydrate
15 g Fett
28 g Eiweiß

1 Ingwer stückeln, Frühlingszwiebeln klein schneiden, Knoblauch schälen und in zwei Hälften teilen.

2 Bei jedem Fisch zwei diagonale Schnitte auf beiden Seiten einschneiden und den Fisch beidseitig salzen.

3 Eier verrühren, dann die Hälfte auf den Fischen verteilen.

4 Öl erhitzen und Fische von beiden Seiten kurz anbraten. Sternanis, Ingwer, Knoblauch und Frühlingszwiebeln dazugeben und kurz weiterbraten. Reisessig, dann Rotwein und die helle und dunkle Sojasoße hineingießen. Deckel aufsetzen und alles 3 Minuten köcheln lassen.

5 Wasser hinzufügen, Soße auf den Fisch gießen und bei normaler Hitze knapp 25 Minuten schmoren.

6 Rest der Eimasse in den Topf geben und wenige Minuten weiterkochen.

PAELLA

4 Port.

1 Std. 20 Min.

Leicht

Zutaten

80 g rote Zwiebeln
410 g Reis
760 ml Fleischbrühe
2 Lorbeerblätter
2 Knoblauchzehen
3 EL Öl
130 ml Weißwein
1 Zweig Thymian
620 g Garnelen, Miesmuscheln und Tintenfische
½ EL Salz
210 g Lauch
1 Msp. Safranfäden
160 g Möhren

Nährwerte p. P.

677 kcal
102 g Kohlenhydrate
15 g Fett
28 g Eiweiß

1 Knoblauch und Zwiebeln schälen und hacken. Lauch säubern und klein schneiden. Möhren schälen und in Streifen schneiden. Safran kurz in Wasser einweichen.

2 Öl erwärmen und Möhren, Knoblauch, Lauch und Zwiebeln 5 Minuten anbraten.

3 Reis abwaschen. Gemüse, Reis und Salz in den Schmortopf geben. Safran, Wein und Brühe zufügen, durchrühren und Lorbeerblätter hineinlegen. Deckel aufsetzen und auf mittlerer Ebene in den kalten Ofen stellen. Bei 195 °C Ober-/Unterhitze 45-55 Minuten backen.

4 Meeresfrüchte hinzugeben und weitere 12-14 Minuten garen.

Vegetarische Schmorgerichte

GEMÜSETOPF MIT NUSSMIX-TOPPING

4 Port. 1 Std. 10 Min. Mittel

Zutaten

1 Knoblauchzehe
290 g Kartoffeln
3 kleine Tomaten
490 ml Gemüsebrühe
290 g Möhren
2 TL Currypulver
1 daumengroßes Stück Ingwer
290 g Pastinaken
3 EL Olivenöl
½ Stange Lauch
1 Handvoll geschälte Mandeln
2 kleine Zwiebeln
2 TL Zitronensaft
1 EL Paprikagewürz, edelsüß
90 g Petersilienwurzeln
1 Handvoll Cashewkerne
Etwas Salz und Pfeffer

Nährwerte p. P.

381 kcal
42 g Kohlenhydrate
19 g Fett
9 g Eiweiß

1 Möhren, Zwiebeln und Kartoffeln schälen und klein schneiden. Knoblauch und Ingwer schälen und hacken.

2 Gemüse in 2 EL Öl anbraten, Ingwer, die Hälfte des Paprikagewürzes, Knoblauch, Curry und die Hälfte der Brühe dazugeben und mit geschlossenem Deckel 8-12 Minuten schmoren.

3 Tomaten und Lauch säubern, klein schneiden und mit der übrigen Brühe in den Topf füllen. Offen 10 Minuten weiter schmoren. Dann mit Zitronensaft, Salz und Pfeffer würzen.

4 Nüsse hacken und in dem Rest des Öls anrösten, mit dem Rest des Paprikagewürzes und Salz würzen. Nussmix auf das Gemüse streuen und servieren.

GESUNDER LINSEN-GEMÜSETOPF

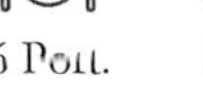
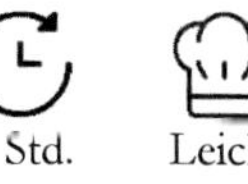

6 Port. | 1 Std. 10 Min. | Leicht

Zutaten

240 g rote Linsen
2 kleine Zwiebeln
2 TL Tomatenmark
1 rote Paprikaschote
1 Knoblauchzehe
3 kleine Zucchini
30 ml Olivenöl
2 TL gekörnte Brühe
30 g gemischte Kräuter
190 + 240 ml Wasser
3 Stangen Staudensellerie
390 g passierte Tomaten
3 kleine Möhren
240 g Kirschtomaten
Salz und Pfeffer

Nährwerte p. P.

266 kcal
37 g Kohlenhydrate
6 g Fett
13 g Eiweiß

1 Möhren, Knoblauch und Zwiebeln schalen und würfeln. Sellerie säubern und klein schneiden. Alles in Öl kurz anbraten.

2 Tomatenmark unterrühren, dann das Wasser hineingießen, Deckel aufsetzen und zum Kochen bringen. Hitze reduzieren und 12 Minuten schmoren.

3 Paprika säubern, entkernen und klein schneiden. Passierte Tomaten, Paprika und Kräuter in den Topf geben und 240 ml Wasser hinzufügen. Erneut zum Kochen bringen.

4 Linsen hineingeben. Deckel aufsetzen und bei wenig Hitze 30 Minuten köcheln lassen. Nach der Hälfte der Zeit die Zucchini säubern, stückeln und unterrühren.

5 Brühe einrühren und alles würzen. Tomaten säubern, halbieren und einrühren.

MIT BULGUR GEFÜLLTE KOHLROULADEN

4 Port.

1,5 Std.

Leicht

Zutaten

90 g Feta
40 ml Schlagsahne
140 g Bulgur
2 Eier
8 Weißkohlblätter
2 kleine Zwiebeln
580 ml Gemüsebrühe
90 g Doppelrahmfrischkäse
45 g Soßenbinder (hell)
1 Knoblauchzehe
1 EL Oregano
90 ml Öl
140 g Paprika aus dem Glas (gehäutet und geröstet)
Salz und Pfeffer

Nährwerte p. P.

534 kcal
28 g Kohlenhydrate
42 g Fett
11 g Eiweiß

1 Knoblauch und Zwiebeln schälen, hacken und in 30 ml Öl anbraten. Bulgur hinzugeben. 290 ml der Brühe einrühren, aufkochen lassen und bei normaler Hitze zugedeckt 12 Minuten köcheln lassen.

2 Paprika abtupfen und klein schneiden. Feta zerbröseln. Frischkäse, Paprika, Feta und Eier in den Topf geben und mit Salz, Pfeffer und dem Oregano würzen.

3 Kohlblätter wenige Minuten in Salzwasser kochen. Dann unter kaltes Wasser halten und abtupfen. Dicke Blattrippen flach schneiden und die Feta-Bulgur-Mischung in die Mitte der Blätter geben. Ränder darüberlegen und einrollen. Mit Küchennadeln verschließen.

4 Rouladen im übrigen Öl überall gut anbraten. Den Rest der Brühe hinzufügen, zum Kochen bringen und bei normaler Hitze zugedeckt 40 Minuten schmoren.

5 Rouladen beiseitelegen, Sahne in die Soße geben, Soßenbinder einrühren und würzen. Zu den Rouladen servieren.

BEET BOURGUIGNON (SCHMORTOPF MIT ROTER BETE)

4 Port.

1,5 Std.

Mittel

Zutaten

2 TL Balsamicoessig
780 ml Brühe
½ EL Zucker
20 g Tomatenmark
90 g Shiitake-Pilze und Champignons (gemischt)
3 kleine rote Zwiebeln
Etwas Piment (gemahlen)
40 g Pilze, getrocknet
390 ml Rotwein
4 Zweige Thymian
3 Tomaten, getrocknet und in Würfeln
½ EL Johannisbrotkernmehl
2 Lorbeerblätter
4 TL Öl
3 Knoblauchzehen
8 Möhren
6 große Rote Bete
Etwas Petersilie
Salz und Pfeffer

Nährwerte p. P.

350 kcal
43 g Kohlenhydrate
8 g Fett
7 g Eiweiß

1 Getrocknete Pilze in heißes Wasser legen. Gemüse säubern, Knoblauch und Zwiebeln schälen und hacken. Rote Bete schälen und in Würfel schneiden.

2 Zucker mit den Zwiebeln in Öl gut anbraten. Gemüse hinzufügen, getrocknete Tomaten, Knoblauch und Tomatenmark hinzugeben und kurz mit braten.

3 Rotwein in den Topf gießen, bis er zur Hälfte verdampft ist, dann die Hälfte der Brühe zufügen. Pimentpulver, Lorbeerblätter und Thymian hineingeben und bei 185 °C Ober-/Unterhitze mit aufgesetztem Deckel 50 Minuten garen.

4 Pilze säubern und stückeln. Getrocknete Pilze sieben, Wasser auffangen. Getrocknete Pilze abtupfen und ein paar Minuten in Öl braten. Dann die anderen Pilze hinzufügen. Balsamico hinzugießen, dann von der Flamme nehmen.

5 Schmortopf auf den Herd setzen, den Rest Brühe hineingießen, die Pilze zufügen und das Ganze mit Deckel 12 Minuten schmoren lassen. Das Mehl unterrühren und servieren.

WÜRZIGER CHAMPIGNON-EINTOPF

4 Port.

1 Std. 40 Min.

Leicht

Zutaten

270 g kleine Champignons
2 Lorbeerblätter
4 TL Sojasoße
2 Knoblauchzehen
½ TL Rosmarin, getrocknet
2 EL Mehl
880 g Kartoffeln
½ TL Thymian, getrocknet
950 ml Wasser
1 Zwiebel
4 TL Pflanzenöl
½ TL Pfeffer, schwarz
170 ml trockener Rotwein
2 Stangen Staudensellerie
50 g Tomatenmark
2 große Möhren
Salz

Nährwerte p. P.

348 kcal
54 g Kohlenhydrate
8 g Fett
8 g Eiweiß

1 Pilze säubern und klein schneiden. Knoblauch und Zwiebeln schälen und hacken. Sellerie und Möhren säubern und würfeln.

2 Öl erwärmen und Pilze ein paar Minuten braten. Möhren, Sellerie und Zwiebeln dazugeben und 5 Minuten garen. Pfeffer, Thymian, Knoblauch, Sojasoße, Rosmarin und Tomatenmark einrühren. Dann Mehl unterrühren und zuletzt den Wein hineingießen.

3 Kartoffeln schälen, stückeln und in den Topf geben, wenn der Wein fast verdunstet ist. Wasser hineinfüllen, dann die Lorbeerblätter hineinlegen. Aufkochen und bei normaler Hitze 40 Minuten schmoren lassen. Ab und zu durchrühren.

4 Lorbeerblätter entfernen, Eintopf würzen und genießen.

GEBRATENER EINTOPF MIT FRISCHEM SPARGEL

4 Port. 50 Min. Leicht

Zutaten

3 kleine Tomaten, in Stücken
½ EL frischen Thymian, gehackt
3 EL Olivenöl
½ EL frischer Oregano, gehackt
260 g Spargel, geschält und in Stücke geschnitten
1 rote Paprikaschote, in Streifen geschnitten
30 g Tomatenmark
1 Möhre, in längere Streifen geschnitten
½ EL frischer Rosmarin, gehackt
½ Zucchini, in Scheiben
1 große Tasse Gemüsebrühe
3 Knoblauchzehen, gehackt
½ rote Zwiebel, geachtelt
Etwas Salz und Pfeffer

Nährwerte p. P.

158 kcal
13 g Kohlenhydrate
11 g Fett
4 g Eiweiß

1 Kräuter mit dem Öl mischen, dann Möhre, Spargel, Pfeffer, Zwiebel und Zucchini hinzugeben und alles 25 Minuten offen bei 200 °C Umluft backen, ab und zu durchrühren.

2 Schmortopf aus dem Ofen nehmen und auf den Herd setzen. Tomatenmark, Brühe und Tomaten hineingeben und bei normaler Hitze mit Deckel 12-15 Minuten schmoren. Danach würzen.

ÜBERBACKENER ROSENKOHL

4 Port.

1 Std.

Leicht

Zutaten

510 g Rosenkohl, gesäubert
210 ml Hafercreme
60 g Parmesan, gehobelt
Muskat
½ Zwiebel
410 g Kartoffeln
1 ½ EL gekörnte Brühe
Salz und Pfeffer

Nährwerte p. P.

256 kcal
33 g Kohlenhydrate
9 g Fett
12 g Eiweiß

1 In den Strunk des Kohls ein Kreuz ritzen. Zwiebeln schälen, würfeln und mit dem Kohl in den Topf geben.

2 Die Hafercreme mit der Gemüsebrühe vermengen und auf den Kohl geben. Kurz durchrühren.

3 Kartoffeln schälen und grob reiben. Mit Muskat, Salz und Pfeffer würzen. Parmesan unterheben und alles auf dem Kohl verteilen.

4 Topf in den kalten Ofen setzen und bei 170 °C Umluft 40-50 Minuten garen.

FRISCHE LASAGNE MIT ROTKOHL

4 Port.

2 Std.
10 Min.

Leicht

Zutaten

1 Kopf Rotkohl
110 ml Gemüsebrühe
290 g vegetarisches Hack
2 TL Öl
1 Knoblauchzehe
55 g Gouda, gerieben
780 g Kartoffeln
1 Lorbeerblatt
3 Zwiebeln
70 ml Rotwein-Essig
95 g Crème fraîche
2 Wacholderbeeren
2 EL Butter
Salz

Nährwerte p. P.

525 kcal
58 g Kohlenhydrate
22 g Fett
26 g Eiweiß

1 Kohl säubern und hacken. Zwei Zwiebeln schälen, stückeln und in Öl anbraten. Rotkohl dazugeben, dann Wacholderbeeren und das Lorbeerblatt hineinlegen. Essig und Brühe nach wenigen Minuten hineingießen und salzen. Zum Kochen bringen und 75 Minuten zugedeckt schmoren.

2 Kartoffeln säubern, schälen und in Salzwasser gar kochen. Die letzte Zwiebel und den Knoblauch schälen und hacken. In Öl anbraten. Hack dazugeben und gut anbraten. Die fertigen Kartoffeln abkühlen lassen und in Scheiben schneiden.

3 Einen Teil der Kartoffelscheiben auf den Boden des Schmortopfes legen. Dann eine Schicht Rotkohl, eine Schicht Kartoffeln und wieder eine Schicht Rotkohl darüber geben. Darauf Hack und Crème fraîche verteilen. Dann wieder eine Schicht Kartoffelscheiben darauf geben und Butter in Flocken darauf verteilen. Gouda darüber streuen und im vorgeheizten Ofen offen bei 170 °C Umluft auf unterster Schiene 40-50 Minuten backen.

VEGETARISCHES JAMBALAYA (REISEINTOPF)

4 Port.

1 Std.

Mittel

Zutaten

140 g dicke Bohnen aus dem Glas
½ EL Cajun-Gewürzmischung
8 Stangen Staudensellerie
3 Paprikaschoten
2 Lorbeerblätter
140 g Champignons
2 TL Zucker
2 Knoblauchzehen
2 große Zwiebeln
200 g Reis
1 Aubergine
650 ml Gemüsebrühe
Öl
3 Frühlingszwiebeln
½ EL Paprikagewürz, geräuchert
Salz und Pfeffer

Nährwerte p. P.

379 kcal
70 g Kohlenhydrate
5 g Fett
11 g Eiweiß

1 Zwiebeln und Sellerie schälen, klein schneiden und mit Zucker anbraten. Paprika säubern, stückeln und 6-8 Minuten mit garen.

2 Knoblauch schälen, hacken und mit Paprikapulver, Cajun-Gewürzmix, Lorbeerblättern und Reis hinzugeben. Weitere 6-8 Minuten garen.

3 Brühe hineingießen und alles gut 20 Minuten schmoren. Ab und zu durchrühren und ggf. Wasser nachgießen.

4 Pilze und Aubergine säubern, in Stücke schneiden und getrennt anbraten.

5 Bohnen, Pilze und Auberginenstücke zu der Reis-Mischung geben und köcheln lassen, bis der Reis gar ist.

6 Frühlingszwiebeln säubern, klein schneiden, unterheben und alles würzen.

TORTELLINI-AUFLAUF

2 Port.

40 Min.

Leicht

Zutaten

210 g Tortellini, gefüllt mit Spinat-Ricotta
210 g Schlagsahne
1 Prise Muskatnuss
1 kleine grüne Paprika
110 g Mozzarella
1 Knoblauchzehe
2 TL saure Sahne
½ TL Paprikagewürz
Öl
150 g Mais
½ EL Speisestärke
2 Frühlingszwiebeln
Salz und Pfeffer

Nährwerte p. P.

905 kcal
60 g Kohlenhydrate
64 g Fett
27 g Eiweiß

1 Paprika und Frühlingszwiebeln säubern und stückeln. Knoblauch schälen, hacken und in Öl kurz anbraten. Paprika und Frühlingszwiebeln dazugeben.

2 Sahne, Speisestärke, saure Sahne und Gewürze vermengen.

3 Gemüse, Mais und Tortellini mit der Sahnemischung verrühren.

4 Alles in einen Schmortopf geben, mit Käse bestreuen und bei 175 °C Ober-/Unterhitze 35 Minuten backen.

SÜẞES MANGO-CURRY MIT KÜRBIS

4 Port.

1 Std.
10 Min.

Mittel

Zutaten

Für das Garam Masala (indische Gewürzmischung):
½ EL Koriandersamen
4 Gewürznelken
1 Lorbeerblatt
Etwas Kreuzkümmel
Etwas Kurkuma, gemahlen
Ein Stück einer Zimtstange
3 Kardamomkapseln
5 schwarze Pfefferkörner

Für den Eintopf:
3 kleine Zwiebeln
1 Mango
15 g Ingwer
55 g Cashewkerne
2 TL Butterschmalz
210 g grüne Bohnen
1 Butternusskürbis
45 ml Zitronensaft
310 ml Wasser
1 Knoblauchzehe
410 ml Kokosmilch
5 Stiele frischer Koriander
Salz und Pfeffer

Nährwerte p. P.

406 kcal
30 g Kohlenhydrate
30 g Fett
7 g Eiweiß

1 Kardamomkapseln etwas zerdrücken, Kerne entfernen und diese mit den anderen Gewürzen für das Garam Masala ohne Fett anbraten. Mörsern und zur Seite stellen.

2 Bohnen säubern, stückeln und in Salzwasser kurz kochen. Sieben und mit kaltem Wasser abschrecken. Nüsse hacken.

3 Knoblauch, Ingwer und Zwiebeln schälen und hacken. Kürbis schälen, in zwei Hälften schneiden und Kerne entfernen. Fruchtfleisch würfeln. Mango schälen und das Fruchtfleisch klein schneiden.

4 Schmalz im Topf erwärmen und Ingwer, Knoblauch und Zwiebeln anbraten. Cashewkerne und Garam Masala hineingeben. Dann Mango, Kürbis, Kokosmilch und Wasser hinzugeben. Deckel aufsetzen und 12 Minuten bei normaler Temperatur schmoren. Bohnen in den Topf geben, aufkochen lassen und alles mit Zitronensaft, Salz und Pfeffer würzen. Korianderblätter abwaschen und in den Topf streuen.

LECKERE VEGGIE-BOLOGNESE

4 Port. | 1 Std. 20 Min. | Leicht

Zutaten

520 g gemischte Pilze
1 Gemüsezwiebel
3 Stiele Thymian
110 g Parmesan, gerieben
2 Dosen Tomaten
2 Lorbeerblätter
3 Knoblauchzehen
420 ml Wasser
2 Möhren
2 TL Tomatenmark
1 Prise Zucker
2 Stangen Staudensellerie
1 Zweig Rosmarin
3 EL Öl
½ EL Paprikagewürz, edelsüß
520 g Spaghetti
Salz und Pfeffer

Nährwerte p. P.

822 kcal
123 g Kohlenhydrate
21 g Fett
36 g Eiweiß

1 Pilze säubern und klein schneiden. Auf ein Blech geben und bei 55 °C Ober-/Unterhitze auf mittlerer Ebene eine halbe Stunde trocknen lassen.

2 Möhren schälen, Sellerie säubern und mit der Gemüsezwiebel klein schneiden. Knoblauch schälen und hacken. Öl erwärmen und Pilze gut anbraten. Gemüse und Zwiebelstücke ein paar Minuten mitbraten.

3 Lorbeerblätter hineinlegen. Rosmarin und Thymian säubern, hacken und untermengen. Dann das Tomatenmark und die Tomaten hinzugeben und grob zerkleinern.

4 Wasser hineingießen und mit Zucker, Paprikagewürz, Salz und Pfeffer würzen. Zum Kochen bringen, dann bei normaler Temperatur 30 Minuten köcheln lassen.

5 Spaghetti in Salzwasser gar kochen, sieben und in einer Schüssel unter die Soße rühren. Käse darauf streuen und servieren.

ARTISCHOCKEN-SCHMORTOPF

2 Port.

1 Std.

Leicht

Zutaten

2 rote Zwiebeln
2 TL geriebene Zitronenschale
2 EL gehackte Petersilie
210 g Kartoffeln
3 Artischocken
2 EL Olivenöl
160 g Kräuterseitlinge
1 Knoblauchzehe
110 ml Weißwein
1 rote Pfefferschote
160 ml Gemüsebrühe
Salz und Pfeffer

Nährwerte p. P.

431 kcal
50 g Kohlenhydrate
15 g Fett
11 g Eiweiß

1 Die äußeren Blätter der Artischocken abzupfen. Stiele schälen und Artischocken halbieren. Heu herauskratzen, Hälften erneut halbieren und Stiele klein schneiden.

2 Kartoffeln schälen und stückeln. Zwiebeln und Knoblauch schälen und hacken. Alles mit den Artischocken in heißem Öl anbraten. Wein und Brühe hineingießen und 30 Minuten zugedeckt schmoren.

3 Pilze stückeln. Pfefferschote in Ringe schneiden und beides 8-12 Minuten vor Ende der Garzeit in den Topf geben. Alles würzen und Petersilie und Zitronenschale darauf verteilen.

KÄSENUDELN

4 Port.

35 Min.

Leicht

Zutaten

260 ml saure Sahne
510 g Bandnudeln
210 g geriebener Käse
4 Zwiebeln, gehackt
160 g Butter
Salz und Pfeffer

Nährwerte p. P.

1073 kcal
103 g Kohlenhydrate
58 g Fett
33 g Eiweiß

1 Nudeln in Salzwasser gar kochen. Zwiebeln in Butter anbraten.

2 Sahne erwärmen, würzen und mit den anderen Zutaten im Schmortopf mischen. Bei 185 °C Umluft ca. 25 Minuten mit geschlossenem Deckel backen.

LINSENSUPPE

4 Port.

1 Std.

Leicht

Zutaten

4 TL Öl
2 Möhren
1 Stange Lauch
1 Zwiebel
1 Sellerieknolle
75 ml Balsamicoessig, hell
210 g rote Linsen
2 TL Bouillonpulver
310 ml Wasser
Salz und Pfeffer

Nährwerte p. P.

335 kcal
46 g Kohlenhydrate
10 g Fett
15 g Eiweiß

1 Sellerie und Möhren schälen und klein schneiden. Lauch säubern und in Ringe schneiden. Zwiebel schälen und hacken. Bouillonpulver in Wasser einrühren.

2 Sellerie, Zwiebelstücke, Lauch, Linsen und Möhren im Schmortopf in Öl anbraten. Danach Brühe und Essig zufügen und verrühren.

3 Topf in den kalten Ofen setzen, Deckel draufsetzen und bei 175 °C Umluft ca. 55 Minuten garen.

4 Suppe mit Essig, Salz und Pfeffer würzen.

FENCHELGRATIN MIT KNUSPRIGEM BROT-TOPPING

2 Port.

1 Std. 20 Min.

Leicht

Zutaten

2 TL weiche Butter
260 g Fenchel
1 Schalotte
1 Prise Muskat
160 ml Sahne
½ trockenes Vollkornbrötchen
190 g Kartoffeln
110 ml Gemüsebrühe
1 ½ EL Mehl
Salz und Pfeffer

Nährwerte p. P.

584 kcal
57 g Kohlenhydrate
36 g Fett
10 g Eiweiß

1 Grünen Teil des Fenchels und den Strunkansatz leicht kürzen. Den übrigen Teil in feine Ringe schneiden. Kartoffeln schälen und in Scheiben schneiden.

2 Fenchel in den Schmortopf legen, bis der Boden bedeckt ist. Die Hälfte der Kartoffeln darüber schichten. Beides wiederholen und mit Fenchel oben abschließen.

3 Schalotten schälen und hacken. Mit Brühe, Mehl, Sahne und Gewürzen vermengen und auf das Gemüse geben.

4 Brot zerbröseln und mit der Butter mischen, dann in den Topf geben. Mit Deckel bei 175 °C Ober-/Unterhitze 55 Minuten garen. Nach 45 Minuten den Deckel

IN WEIẞWEINSOẞE GESCHMORTER LAUCH

4 Port.

50 Min.

Leicht

Zutaten

3 Knoblauchzehen
½ Topf Petersilie
35 g Butter
4 Stangen Lauch
110 ml Weißwein, trocken
120 ml Gemüsebrühe
Salz und Pfeffer

Nährwerte p. P.

166 kcal
10 g Kohlenhydrate
10 g Fett
1 g Eiweiß

1 Lauch säubern und Stangen dritteln. Knoblauch schälen und in Scheiben schneiden.

2 Butter erwärmen und Lauch darin anbraten. Knoblauch hinzugeben und alles würzen. Nach ein paar Minuten Brühe und Weißwein hineingießen, zum Kochen bringen und mit Deckel 35 Minuten schmoren. Ab und zu den Lauch umdrehen.

3 Petersilie säubern, abtupfen und hacken. In den Topf geben, durchrühren und servieren.

BUNTER EINTOPF IN ROTWEIN-SOSSE MIT KARTOFFELPÜREE

 6 Port.

 2 Std.

 Mittel

Zutaten

Für den Eintopf:
2 Rote Bete
1 EL Kümmel
3 EL Paprikagewürz, edelsüß
2 EL brauner Zucker
5 kleine Zwiebeln
60 g Tomatenmark
5 große lila Möhren
980 ml Gemüsebrühe
3 EL Olivenöl
Abgeriebene Schale einer halben Zitrone
5 Knoblauchzehen
460 g Kräuterseitlinge
4 Petersilienwurzeln
1 EL geröstetes Paprikagewürz
510 g braune Champignons
4 Zweige Thymian
4 TL Majoran
1 Flasche Rotwein
15 g getrocknete Steinpilze
Salz und Pfeffer

Für das Püree:
Pflanzliche Margarine
310 g Sellerie
Etwas Muskatnuss
260 ml ungesüßte Mandelmilch
950 g Kartoffeln
Salz und Pfeffer

Nährwerte p. P.

517 kcal
64 g Kohlenhydrate
11 g Fett
14 g Eiweiß

1 Zwiebeln schälen und in Ringe schneiden. Knoblauch schälen und hacken. Rote Bete schälen und stückeln. Petersilienwurzeln und Möhren schälen und würfeln. Pilze säubern und halbieren oder vierteln.

2 Öl erwärmen und Zwiebeln darin anbraten. Nach ein paar Minuten Wurzelgemüse mit hineingeben und 6 Minuten weiter rösten. Pilze hinzufügen und weitere 2 Minuten braten. Knoblauch hinzugeben und Zucker auf das Gemüse streuen. Tomatenmark mit anbraten. 2/3 des Rotweins dazugießen und durchrühren. Steinpilze unterrühren und alles mit Kümmel, Zitronenschale, Salz, Pfeffer, Thymian, Majoran und den Paprikagewürzen abschmecken. Dann 2/3 der Brühe hinzugeben.

3 Deckel aufsetzen und bei 175 °C Ober-/Unterhitze 90 Minuten im Ofen garen, ggf. ab und zu Wein oder Brühe nachgießen.

4 In der Zwischenzeit Kartoffeln und Sellerie schälen, stückeln und in Salzwasser gar kochen. Wasser abgießen und Milch in den Topf geben. Mit Muskatnuss, Salz und Pfeffer würzen und mit einem Kartoffelstampfer stampfen. Etwas Margarine unterrühren.

5 Gemüsetopf nochmals abschmecken, Püree auf Tellern verteilen und das Schmorgemüse darauf geben.

PILZEINTOPF MIT LAUCH UND KNUSPRIGEM BROTRAND

4 Port.

1 Std.

Leicht

Zutaten

210 g Weizenmehl
Etwas Salz
110 g Roggenvollkornmehl
60 g Parmesan, gerieben
820 g gemischte Pilze
10 EL Olivenöl
1 Stange Lauch
½ Würfel Hefe
160 ml warmes Wasser
60 ml heißes Wasser
2 Zweige Rosmarin
20 g getrocknete Steinpilze
2 Knoblauchzehen
10 Stiele Majoran
60 ml Weißwein
30 ml Essig
½ Topf Petersilie
60 ml Portwein
½ Topf Schnittlauch
1 EL Butter

Nährwerte p. P.

783 kcal
72 g Kohlenhydrate
43 g Fett
20 g Eiweiß

1 Beide Mehlsorten mischen und mittig eine Mulde eindrücken. Hefe hinein krümeln, dann etwas Salz, 2 EL Öl und das warme Wasser hineingeben. Alles verkneten und anschließend den Käse unterkneten.

2 Lauch säubern und in Ringe schneiden. Gemischte Pilze säubern, stückeln und in den Schmortopf geben. Getrocknete Pilze, Lauch, 4 Majoranstiele, 2 Rosmarinzweige und Knoblauchzehen (geschält) in den Topf geben und salzen. Weinsorten, Butter und heißes Wasser hinzufügen und Deckel aufsetzen.

3 Teig nochmals kneten und auf einer bemehlten Fläche zu einer Rolle formen. Diese um den Deckelrand legen. Alles aufkochen lassen und bei 180 °C Umluft auf mittlerer Schiene 35-45 Minuten backen.

4 Blätter der übrigen Majoranstiele abzupfen und mit der Petersilie hacken. Schnittlauch ebenfalls hacken. Mit dem Essig und dem übrigen Öl vermengen und salzen.

5 Brotrand aufbrechen, Eintopf würzen und zu dem Brot und dem Kräuteröl servieren.

Vegane Schmorgerichte

SCHMORTOPF NACH FLÄMISCHER ART MIT SOJA-FILETSTREIFEN

4 Port.

2 Std.

Leicht

Zutaten

1 Pck. Soja-Filetstreifen
2 TL Öl
240 ml Brühe
½ Lauch, in Ringen
1 Topf glatte Petersilie, gehackt
240 ml Rotwein
2 EL saure Cornichons, in Scheiben
2 TL brauner Zucker
1 Scheibe Knollensellerie, in Würfeln
3 kleine Zwiebeln, in Ringen
980 ml kochende Gemüsebrühe
290 ml Schwarzbier
2 Möhren, in Würfeln
1 Knoblauchzehe, gehackt
2 TL Tomatenmark
45 g Alsan
35 g Mehl
Salz und Pfeffer

Nährwerte p. P.

411 kcal
28 g Kohlenhydrate
19 g Fett
13 g Eiweiß

1 Sojastreifen mit der Gemüsebrühe begießen und 12-14 Minuten darin einweichen. Dann durch ein Sieb geben und etwas ausdrücken.

2 Öl und Alsan in einer Pfanne erwärmen. Sojastreifen mit 20 g Mehl bestäuben, stark anbraten und dann in einer Schale beiseitestellen.

3 Zwiebeln mit etwas Öl anbraten und Knoblauch hinzugeben. Das restliche Mehl darüberstreuen und ein paar Minuten weiter dünsten.

4 Abwechselnd Sojastreifen, Zwiebeln, Cornichons und Gemüse im Schmortopf schichten und würzen.

5 Brühe, braunen Zucker, Rotwein, Tomatenmark und Bier vermischen und in den Schmortopf gießen. Im vorgeheizten Ofen bei 175 °C Ober-/Unterhitze und geschlossenem Deckel ca. 90 Minuten schmoren. Dann die Petersilie darauf verteilen.

KÜRBIS-SPINAT-TOPF MIT REIS

 4 Port.  2,5 Std.  Leicht

Zutaten

½ EL Gewürzmischung
310 g Kürbis
1 Zwiebel
210 ml Wasser
260 g Spinat, frisch
3 Frühlingszwiebeln
160 g Reis
1 Knoblauchzehe
½ EL scharfe Currypaste
2 EL Öl
210 ml Kokosmilch
½ EL Instant-Gemüsebrühe
110 g Datteln, entsteint
55 g Mandelblättchen
Veganer Joghurt
Salz

Nährwerte p. P.

562 kcal
78 g Kohlenhydrate
24 g Fett
11 g Eiweiß

1 Kürbis schälen, Kerne entfernen und raspeln. Spinat säubern, abtupfen und klein schneiden. Datteln und Zwiebel stückeln. Frühlingszwiebeln säubern und klein schneiden.

2 Mandelblättchen ohne Fett kurz anrösten, dann erkalten lassen.

3 Öl erwärmen und Zwiebelstücke darin anbraten. Knoblauch hacken und dazugeben. Dann den Kürbis für ein paar Minuten weiterbraten. Spinat hinzufügen, dann Currypaste, Salz und die Gewürzmischung beigeben.

4 Brühepulver, Wasser und Kokosmilch zum Kochen bringen.

5 Die Hälfte vom Reis auf den Boden des Schmortopfes geben. Gemüsemischung darauf geben und Frühlingszwiebeln, Mandeln und Datteln darüberstreuen. Langsam die Kokosmilchmischung hinzugießen, Deckel aufsetzen und in den kalten Ofen stellen. Bei 220 °C Ober-/Unterhitze 1 Stunde backen. Mit dem Joghurt servieren.

LEICHTES OFEN-GULASCH MIT SEITAN

4 Port.

1,5 Std.

Leicht

Zutaten

480 g Seitan, in Würfeln

Für die Marinade:
30 ml Sojasoße
30 ml Ahornsirup
30 ml Worcestersoße

Für das Gulasch:
580 g Kartoffeln, geschält, in Würfeln
1 Knoblauchzehe, gehackt
3 EL Öl
1 EL Zimt
4 Zweige Thymian
390 ml Gemüsebrühe
2 Dosen Tomaten, gehackt
390 ml trockener Rotwein
4 Zweige frischer Majoran
3 kleine Zwiebeln, gewürfelt
1 EL Paprikagewürz, edelsüß
3 Möhren, in Würfeln
3 Lorbeerblätter
Etwas Chiligewürz
1 EL Paprikagewürz, geräuchert
1 EL Piment, gemahlen
3 rote Paprikaschoten, in Würfeln
1 EL Rauchsalz

Nährwerte p. P.

628 kcal
70 g Kohlenhydrate
14 g Fett
41 g Eiweiß

1 Zutaten für die Marinade vermengen und unter den Seitan heben. Piment mit Zimt, Rauchsalz, Paprikagewürzen und Chilipulver mischen. Kräuter säubern und Blätter hacken.

2 Öl im Schmortopf erwärmen und Knoblauch und Zwiebeln leicht anbraten. Seitan und Gemüse dazugeben, scharf anbraten und dann den Rotwein hineingießen.

3 Ein paar Minuten später Tomaten, Kräuter, Gewürzmischung und Lorbeerblätter dazugeben und verrühren.

4 Topf (mit Deckel) auf der untersten Schiene im vorgeheizten Ofen bei 195 °C Ober-/Unterhitze 55-65 Minuten schmoren lassen. Alle 20 Minuten durchrühren. Falls die Soße zu sehr verdunstet, Gemüsebrühe und/oder Rotwein hinzugeben.

BIRYANI (ASIATISCHES REISGERICHT)

4 Port.

1,5 Std.

Leicht

Zutaten

60 g Cashewkerne
½ EL Himalayasalz
50 g Sojajoghurt
110 g gekochte Kichererbsen
410 g Basmatireis
3 Möhren
110 g Erbsen
260 ml Gemüsebrühe
1 Lorbeerblatt
60 g Mandeln
2 Chilischoten
1 kleines Stück Ingwer
1 Paprikaschote
1 Topf Koriander, gehackt
½ EL Senfsamen
½ EL Paprikagewürz
2 rote Zwiebeln
260 ml Wasser
310 g Champignons
½ EL Garam Masala (indische Gewürzmischung)
2 Zimtstangen
4 EL Kokosöl
½ EL Kreuzkümmelsamen
Etwas Kurkuma
4 Gewürznelken
1 Handvoll Rosinen
2 Knoblauchzehen

Nährwerte p. P.

598 kcal
64 g Kohlenhydrate
31 g Fett
17 g Eiweiß

1 Knoblauch, Ingwer und Zwiebeln schälen und hacken. In 2 EL des Öls erwärmen und kurz anbraten. Senfsamen, Rosinen, Nelken und Nüsse ein paar Minuten mitbraten. Reis zufügen und 5 Minuten weiterbraten.

2 Brühe hinzugießen und schmoren lassen, bis der Reis halb gar ist.

3 Übriges Gemüse säubern. Möhren, Pilze und Paprika würfeln und im Rest des Öls anbraten. Chili säubern, hacken und mit den Erbsen, Gewürzen, Salz und Joghurt hinzufügen. Wasser hineingeben und köcheln lassen, bis das Gemüse halb gar ist.

4 Kichererbsen mit in den Topf geben. Im Schmortopf die Reismischung und die Gemüsemischung abwechselnd schichten. Oben mit einer Reisschicht beenden. Deckel aufsetzen und 60 Minuten bei 195 °C Umluft backen. Ggf. Wasser oder Brühe nachgießen.

5 Koriander hacken, in den Topf streuen und alles gut durchrühren.

NUDELAUFLAUF

4 Port.

1 Std.

Leicht

Zutaten

30 g Pflanzenmargarine
210 g Räuchertofu
520 g Tagliatelle-Vollkornnudeln
1 Knoblauchzehe
260 ml Sojacreme
1 Zwiebel
Muskat
8 Kirschtomaten
260 ml Sojamilch
1 Zitrone
Salz und Pfeffer

Nährwerte p. P.

550 kcal
55 g Kohlenhydrate
25 g Fett
25 g Eiweiß

1 Nudeln in Salzwasser gar kochen, sieben und beiseitestellen. Knoblauch und Zwiebel schälen, hacken und in Margarine anbraten. Mehl zufügen und Sojamilch und -creme hinzugießen. 5 Minuten köcheln lassen.

2 Zitrone pressen. Tofu in die Soße reiben und alles würzen. 2 TL Zitronensaft unterrühren.

3 Nudeln in die Soße legen und im vorgeheizten Ofen bei 175 °C Ober-/Unterhitze 35-45 Minuten backen.

KOHLROULADEN MIT PILZ-REIS-FÜLLUNG

6 Port.

1 Std. 40 Min.

Leicht

Zutaten

3 TL Majoran
½ EL Salz
60 g Pastinake, gewürfelt
310 g Champignons
3 Stängel Dill, gehackt
1 Möhre, gewürfelt
160 g Basmatireis
1 Weißkohl
60 ml Wasser
60 g Sellerieknolle, gewürfelt
1 Würfel Gemüsebrühe
2 Zwiebeln, geviertelt
40 g Tomatenmark
2 Lorbeerblätter
Öl
Etwas Pfeffer

Nährwerte p. P.

200 kcal
37 g Kohlenhydrate
3 g Fett
7 g Eiweiß

1 Kohl säubern und Blätter einzeln ablösen. Pilze säubern und stückeln. Gemüse säubern und klein schneiden.

2 Gemüse in etwas Öl und dem Wasser gut 15 Minuten garen.

3 Pilze und Gewürze mit hineingeben und weitere 8-12 Minuten garen. Reis zufügen und 15 Minuten weiterkochen, ggf. Wasser nachgießen. Umfüllen und abkühlen lassen.

4 Füllung mittig in die Kohlblätter geben, diese einrollen, mit Rouladennadeln zustecken und in den Schmortopf legen. Wasser zufügen, bis die Rouladen zur Hälfte mit Wasser bedeckt sind, den Brühwürfel einrühren und Lorbeerblätter und Dill mit hineingeben.

5 Mit geschlossenem Deckel bei 175 °C Ober-/Unterhitze 60-70 Minuten garen.

MINISTRONE MIT BOHNEN UND QUINOA

2 Port.

50 Min.

Leicht

Zutaten

1 Möhre
210 g stückige Tomaten
130 g weiße Bohnen (Dose)
30 ml Olivenöl
1 Lauch
3 Zweige Thymian
520 ml Gemüsebrühe
1 Knoblauchzehe
30 g geriebener Parmesan
1 Zwiebel
60 g Quinoa
130 g Kohlrabi
2 TL gehackte Petersilie
Salz und Pfeffer

Nährwerte p. P.

478 kcal
51 g Kohlenhydrate
23 g Fett
16 g Eiweiß

1 Kohlrabi, Möhre und Lauch säubern und klein schneiden. Zwiebel und Knoblauch schälen und hacken. Thymian säubern und Blätter abzupfen.

2 Öl erwärmen und Lauch, Zwiebel, Möhre, Knoblauch, Kohlrabi sowie Thymian darin bei normaler Temperatur ein paar Minuten anbraten.

3 Quinoa abwaschen und in die Pfanne geben. Brühe und Tomaten zufügen, zum Kochen bringen und 20 Minuten köcheln lassen.

4 Bohnen abwaschen, in den Topf geben und 6-8 Minuten weitergaren. Alles würzen und mit Petersilie und Käse bestreuen.

FENCHEL-TOMATEN-GRATIN MIT TOFU

2 Port.

1 Tag

Leicht

Zutaten

140 g Roggen
190 g Tofu
1 Knoblauchzehe
380 g Fenchelknollen
Öl
Etwas Senf
Gehackte Kräuter
1 Zwiebel
70 g getrocknete Tomaten
30 g Mehl
1 EL Pflanzenmargarine
1 EL Hefeflocken
190 ml Soja-Reis-Milch
Salz und Pfeffer

Nährwerte p. P.

720 kcal
100 g Kohlenhydrate
22 g Fett
34 g Eiweiß

1 Roggen über Nacht in kaltes Wasser legen. Dann in dem Wasser mit Deckel 50 Minuten garen.

2 Tomaten abtropfen lassen und in Streifen schneiden. Fenchel säubern und in Scheiben schneiden. Tofu stückeln.

3 Zwiebel und Knoblauch schälen, hacken und in Margarine anbraten. Mehl hinzugeben und Sojadrink unterrühren. Kräuter, Hefeflocken und Senf mit hineingeben und alles würzen.

4 Fenchel, Tomaten, Tofu und Roggen zufügen und bei 175 °C Ober-/Unterhitze knapp 25 Minuten backen.

KRÄUTERSEITLING-GEMÜSETOPF MIT KICHERERBSEN

4 Port.

1 Tag

Mittel

Zutaten

Für die Einlage:
210 ml Gemüsebrühe
160 g getrocknete Kichererbsen
310 g kleine Tomaten, halbiert
610 g Wurzelgemüse, gewürfelt
310 ml Rotwein
30 g Tomatenmark
60 ml Erdnussöl
410 g Kräuterseitlinge, grob gewürfelt
½ EL Kreuzkümmel
160 g Perlzwiebeln, geschält

Für das Gewürzsäckchen:
1 großer Teebeutel
2 Knoblauchzehen
1 Zimtstange
2 Rosmarinzweige
1 kleines Stück Ingwer, in Scheiben
2 Lorbeerblätter
Ein paar Thymianstiele
4 Nelken

Nährwerte p. P.

429 kcal
38 g Kohlenhydrate
19 g Fett
9 g Eiweiß

1 Am Tag vorher Kichererbsen abspülen und diese einen Tag lang in Wasser einlegen.

2 Öl im Schmortopf erwärmen und Zwiebeln und Wurzelgemüse ein paar Minuten anbraten. Tomatenmark und Kreuzkümmel hinzufügen, dann die Pilze hineingeben und alles 6-8 Minuten braten.

3 Brühe und Wein hineingießen und verrühren.

4 Alle Gewürze und Kräuter in den Teebeutel geben und diesen zubinden.

5 Kichererbsen abspülen und in den Topf geben, wenn die Flüssigkeit verdunstet ist. Das Gewürzsäckchen hineinlegen. Bei wenig Hitze und geschlossenem Deckel 1,5 Stunden köcheln lassen. Am Ende die Tomaten unterheben.

GEMÜSE-CURRY MIT GERÄUCHERTEM TOFU

2 Port.

1 Std.

Leicht

Zutaten

90 g Erbsen
1 gelbe Paprikaschote
2 Zwiebeln
1 Zweig Thymian
30 ml Sojasoße
480 g Räuchertofu
140 ml Rotwein
½ EL Paprikagewürz
90 g Brokkoli
2 Möhren
2 Knoblauchzehen
90 g braune Champignons
480 ml Gemüsebrühe
2 Lorbeerblätter
45 g Tomatenmark
190 g Sojajoghurt
1 Chilischote
75 ml Olivenöl
Etwas Basilikum
Salz und Pfeffer

Nährwerte p. P.

980 kcal
44 g Kohlenhydrate
60 g Fett
56 g Eiweiß

1 Basilikum säubern und Blätter abzupfen. Knoblauch und Zwiebeln schälen und hacken. Karotten schälen und klein schneiden. Pilze putzen und in Scheiben schneiden. Paprika säubern, Kerne entfernen und in Streifen schneiden. Chili säubern und hacken. Tofu würfeln.

2 Öl erwärmen. Tofu, Knoblauch und Zwiebeln darin anbraten. Möhren hineingeben und wenige Minuten weiterbraten. Brühe, Sojasoße und Rotwein hineingeben.

3 Paprikagewürz, Tomatenmark, Chili, Lorbeerblätter und Thymian zufügen und mit Deckel 25 Minuten bei wenig Hitze garen.

4 Brokkoli säubern, grob würfeln und mit der Paprika, den Erbsen und den Pilzen in die Pfanne geben. 6-8 Minuten weiter schmoren lassen.

5 Lorbeerblätter herausnehmen und alles würzen. In Teller füllen, Basilikum darüberstreuen und mit dem Joghurt servieren.

WIRSINGROULADEN MIT KARTOFFEL-OLIVEN-NUSS-BEILAGE

4 Port.

2 Std.

Mittel

Zutaten

Für die Rouladen:
210 g weißer Tofu
110 g Cranberrys
½ EL Agavensirup
1 Wirsingkohl
Olivenöl
2 TL Sojasoße
Ein paar Champignons
180 g Räuchertofu
Weiß einer Frühlingszwiebel
Kräuter nach Belieben
110 g Walnüsse
2 TL veganes Gemüsebrühepulver
Salz und Pfeffer

Für die Kartoffel-Beilage:
3 EL Olivenöl
6 eingelegte Tomaten, in Streifen
1 Handvoll Walnüsse
1 kg Kartoffeln
6-8 braune Champignons
1 Zucchini
2 Frühlingszwiebeln, in Ringen
1 Tasse warme Gemüsebrühe
1 Glas schwarze Oliven
Frische Kräuter nach Belieben
1 rote Paprikaschote
Salz und Pfeffer

Nährwerte p. P.

909 kcal
89 g Kohlenhydrate
51 g Fett
33 g Eiweiß

1 Alle Zutaten für die Rouladen, bis auf den Kohl, mixen. Kohlblätter ablösen und 2 Minuten in kochendes Wasser legen. Danach kalt abwaschen und den harten Stil herausschneiden.

2 2 Kohlblätter leicht übereinanderlegen und etwas Füllung in der Mitte verteilen. Seiten einschlagen, die Blätter aufrollen und mit Rouladennadeln verschließen.

3 Gemüse für die Beilage (bis auf die Frühlingszwiebeln) säubern und stückeln. Alles in den Schmortopf geben, mit Olivenöl beträufeln und vermengen. Brühe hineingießen und die Rouladen auf das Gemüse legen. Mit Deckel bei 175 °C Ober-/Unterhitze 70-80 Minuten garen.

4 Deckel aufsetzen, Frühlingszwiebeln säubern, klein schneiden und mit den Kräutern auf die Rouladen streuen.

KARTOFFELGULASCH

4 Port.

1 Std.

Leicht

Zutaten

2 Knoblauchzehen
1,4 kg Kartoffeln, mehligkochend
1 Lorbeerblatt
4 Zwiebeln
1 EL Gulaschgewürz
3 Möhren
55 g Pflanzenmargarine
Salz

Nährwerte p. P.

392 kcal
71 g Kohlenhydrate
9 g Fett
8 g Eiweiß

1 Kartoffeln und Möhren schälen und stückeln. Zwiebeln schälen und in 4 Spalten schneiden. Knoblauch schälen.

2 Margarine erwärmen und Knoblauch und Zwiebeln kurz anbraten. Möhren und Kartoffeln hinzugeben. Nach ein paar Minuten warmes Wasser hineingießen, bis alles knapp bedeckt ist. Gulaschgewürz unterrühren und Lorbeerblatt hineinlegen. Kurz köcheln lassen, dann salzen.

3 Alles mit geschlossenem Deckel bei 195 °C Umluft knapp 40 Minuten auf unterster Ebene backen.

RATATOUILLE

2 Port.

1 Std. 20 Min.

Leicht

Zutaten

1 Zucchini
2 Knoblauchzehen
Etwas Thymian und Rosmarin
2 EL Olivenöl
½ Gurke
1 Aubergine
Je 1 rote und gelbe Paprikaschote
Schwarzer Reis
210 ml Gemüsebrühe
2 kleine Zwiebeln
1 Dose Tomaten
1 Prise brauner Zucker
Meersalz und Pfeffer

Nährwerte p. P.

854 kcal
15 g Kohlenhydrate
20 g Fett
24 g Eiweiß

1 Aubergine säubern und würfeln. Salzen und 25 Minuten in einem Sieb abtropfen lassen. Dann abtupfen. Zucchini, Paprika und geschälte Gurke säubern und klein schneiden. Knoblauch hacken und Zwiebeln vierteln. Alles mischen und in den Topf geben.

2 Tomaten in breite Scheiben schneiden und auf das Gemüse geben. Den Saft und die Brühe mit in den Topf gießen, dann die Kräuter zugeben.

3 Mit geschlossenem Deckel 40 Minuten bei 195 °C Ober-/Unterhitze garen.

4 In der Zwischenzeit den Reis in Salzwasser gar kochen und nach dem Herausnehmen des Topfes aus dem Ofen die Kräuter entfernen.

BLUMENKOHL-GRATIN

4 Port.

40 Min.

Leicht

Zutaten

1 Kopf Blumenkohl
2 TL Hefeflocken
210 g Mais (Dose)
30 ml Sojamilch
Öl
Etwas Currypulver und Muskatnuss
Salz und Pfeffer

Nährwerte p. P.

127 kcal
10 g Kohlenhydrate
5 g Fett
4 g Eiweiß

1 Kohl säubern, stückeln und 8-12 Minuten in kochendes Salzwasser legen. Mais sieben und pürieren. Milch und Hefeflocken untermischen. Alles würzen.

2 Schmortopf fetten, Blumenkohl hineingeben und mit der Maiscreme übergießen. Bei 175 °C Umluft knapp 20 Minuten backen.

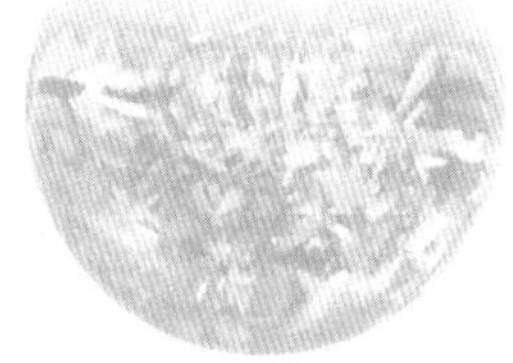

SÜßKARTOFFEL-KOCHBANANEN-TOPF MIT REIS

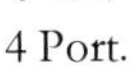

4 Port. | 1 Std. 20 Min. | Leicht

Zutaten

390 g Zucchini
1 Zwiebel
390 g Süßkartoffel
780 ml Wasser
140 g Erdnussbutter
290 g Vollkornreis
290 g Kochbananen
3 Knoblauchzehen
290 g Kartoffeln
1 EL Korianderpaste
½ EL Pfeffer
1 EL Salz

Nährwerte p. P.

734 kcal
123 g Kohlenhydrate
21 g Fett
19 g Eiweiß

1 Gemüse, bis auf die Zucchini, würfeln.

2 Wasser mit Gewürzen und Erdnussbutter mixen.

3 Schmortopf fetten, dann den Reis hineingeben. Darüber das Gemüse und dann die Soße geben. In den kalten Backofen stellen und bei 195 °C Umluft bei geschlossenem Deckel auf unterster Schiene für 60-70 Minuten backen. Danach durchrühren und genießen.

ZUCCHINI MIT KRÄUTER-COUSCOUS

2 Port

30 Min.

Leicht

Zutaten

110 g Soja-Frischkäse
2 runde Zucchini
210 g Soja-Geschnetzeltes
30 ml Olivenöl
2 Zweige Dill
1 Zwiebel
100 g Couscous
160 ml Gemüsebrühe
1 Prise Kurkuma
110 g veganer Käse
½ EL bunter Pfeffer
2 Knoblauchzehen
3 Zweige Thymian
½ EL Räuchersalz

Nährwerte p. P.

815 kcal
74 g Kohlenhydrate
51 g Fett
25 g Eiweiß

1 Zucchini säubern und oberes Drittel aushöhlen. Fruchtfleisch würfeln. Knoblauch und Zwiebel schälen und hacken. Käse reiben. Thymian abwaschen und Blätter abzupfen. Dill abwaschen und hacken.

2 Zucchini in kochendem Wasser ein paar Minuten garen. Abschrecken und beiseitelegen.

3 Öl erwärmen. Pfeffer und Salz hineingeben und Knoblauch, Zwiebelstücke und Zucchini anbraten. Brühe hineingießen und zum Kochen bringen.

4 Couscous und Soja-Geschnetzeltes zufügen und gut 5 Minuten köcheln lassen. Mit Gewürzen und Kräutern würzen und Frischkäse hinzugeben.

5 Füllung in die Zucchini geben und Käse darüberstreuen. Im Schmortopf bei 195 °C Ober-/Unterhitze 6-8 Minuten garen.

Süße Schmorgerichte

MANDEL-MILCHREIS MIT FRISCHEN RHABARBERSTÜCKEN

4 Port.

1,5 Std.

Leicht

Zutaten

Für den Milchreis:
210 g Milchreis
1 ½ EL Zimt
Etwas Margarine
1 Vanilleschote
820 ml Mandelmilch
75 g Zucker

Für den Rhabarber:
30 g Rohrzucker
320 g Rhabarber
½ EL Zimt
Saft einer halben Zitrone

Nährwerte p. P.

252 kcal
47 g Kohlenhydrate
5 g Fett
4 g Eiweiß

1 Zucker und Zimt mischen. Mark aus der Vanilleschote kratzen, mit der Milch im Topf zum Kochen bringen und ein paar Minuten köcheln lassen.

2 Rhabarber säubern und stückeln. Mit Zitronensaft, Zimt und Rohrzucker mischen.

3 2 EL des Zimtzuckers mit der Milch und dem Reis mischen. Zusammen mit dem Rhabarber (inklusive Flüssigkeit) in den gefetteten Schmortopf geben. Den Rest des Zimtzuckers darüberstreuen.

4 In den kalten Ofen setzen und bei 175 °C Umluft auf niedrigster Schiene 50-60 Minuten garen.

NAPFKUCHEN

8 Port.

3 Std.

Mittel

Zutaten

Für den Teig:
260 ml lauwarme Milch
1 Pck. Vanillezucker
35 g frische Hefe
Abgeriebene Schale einer halben Zitrone
65 g weiche Butter
1 Prise Salz
80 g Zucker
360 g Mehl
2 Eier
160 g Dinkelmehl

Für die Füllung:
2 TL Zimt
65 ml Rum
110 g geschmolzene Butter
160 g Honig
110 g Rosinen
1 Pck. Vanillezucker
95 g Zucker
160 g gehackte Nüsse

Außerdem:
Puderzucker

Nährwerte p. P.

778 kcal
106 g Kohlenhydrate
32 g Fett
13 g Eiweiß

1 Hefe zerbröckeln und mit Zucker und Milch vermengen. 20 Minuten beiseitestellen.

2 Mehl sieben und die übrigen Zutaten unterrühren. Hefemischung dazugeben und alles 5 Minuten lang zu einem Teig kneten. Ein feuchtes Tuch auf die Schüssel legen und an einem warmen Ort 50 Minuten ruhen lassen.

3 Teig nochmals kneten und auf etwas Mehl ausrollen, bis er 1 cm dick ist.

4 Schmortopf mit Butter fetten und etwas Mehl darüberstreuen.

5 Für die Füllung am Abend zuvor Rum und Rosinen vermengen und ziehen lassen. Übrige Zutaten mischen und Rosinen unterrühren.

6 Füllung auf dem Teig verteilen und wie eine Schnecke einrollen. In den Schmortopf geben und 35 Minuten ruhen lassen.

7 Den Teig einige Male bis zum Boden mit einem Zahnstocher einstechen und im Topf in den kalten Ofen setzen. Auf mittlerer Ebene 60-70 Minuten bei 165 °C Umluft backen. Unten in den Ofen eine Schale mit etwas Wasser stellen.

8 Kuchen noch heiß aus dem Topf stürzen, abkühlen lassen und mit Puderzucker bestreuen.

CLAFOUTIS MIT KIRSCHEN – SÜẞER TOPFKUCHEN

4 Port.

1 Std.

Leicht

Zutaten

160 ml Sahne
80 g Mehl
5 Eier
1 Vanilleschote
130 g Zucker
160 ml Vollmilch
Ca. 25 entsteinte Kirschen, halbiert
Etwas Puderzucker

Nährwerte p. P.

480 kcal
593 g Kohlenhydrate
22 g Fett
12 g Eiweiß

1 Milch und Sahne in einen Topf füllen, Vanilleschote auskratzen und das Mark samt Schote dazugeben. Erwärmen, bis die Mischung fast kocht, dann sofort von der Herdplatte nehmen, lauwarm abkühlen lassen und die Schote herausnehmen.

2 Kirschen säubern und trocken tupfen. Eier aufschlagen und den Zucker langsam hineinrieseln lassen. Das Mehl ebenfalls hinzugeben, dann die Milchmischung.

3 ¾ der Kirschen in den Topf geben und den Teig darüber geben. Den Rest Kirschen darauf verteilen. Im vorgeheizten Ofen bei 175 °C Ober-/Unterhitze 40-50 Minuten backen, bis der Kuchen fest ist. Vor dem Servieren mit Puderzucker bestreuen.

CRÈME BRÛLÉE

3 Port.

1 Std.

Mittel

Zutaten

380 g Schlagsahne
1 Vanilleschote
55 g Zucker
4 Eigelbe
110 ml Milch
Abgeriebene Schale einer Orange
1 Prise Salz
½ EL Speisestärke
55 g Zucker zum Flambieren

Nährwerte p. P.

681 kcal
43 g Kohlenhydrate
41 g Fett
7 g Eiweiß

1 Eier trennen und Zucker, Speisestärke und einen Schluck Sahne mit den Eigelben verrühren. Übrige Sahne mit Orangenschale und Milch in den Topf geben. Mark der Vanilleschote samt Schote dazugeben und alles zum Kochen bringen, dann den Herd ausstellen.

2 Sahnemischung sieben und einen Schluck mit dem Eigelb-Gemisch vermengen, dann alles unterrühren.

3 Alles im Schmortopf im vorgeheizten Ofen bei 155 °C Ober-/Unterhitze knapp 45 Minuten backen.

4 Die Crème brûlée am besten über Nacht kühl stellen und vor dem Servieren mit Zucker bestreuen und flambieren.

GEBACKENE BANANE MIT NUTELLA UND VANILLEEIS

4 Port. 35 Min. Leicht

Zutaten

4 Bananen
2 EL Rohrzucker
Vanilleeis
4 TL Nutella
Etwas Butter

Nährwerte p. P.

309 kcal
52 g Kohlenhydrate
11 g Fett
4 g Eiweiß

1 Schmortopf fetten und die geschälten Bananen hineinlegen. Wenige Butterflocken darauf verteilen und den Zucker darüberstreuen.

2 Deckel auflegen und bei 170 °C Umluft 15-20 Minuten backen, bis die Bananen eine schöne bräunliche Farbe haben.

3 Herausnehmen, Nutella auf die Bananen streichen und mit je einer Kugel Vanilleeis servieren.

VEGANES DATTEL-BANANENBROT

6 Port. | 1 Std. 10 Min. | Leicht

Zutaten

5 reife Bananen
Mark aus einer Vanilleschote
95 g vegane Schokolade
170 ml Hafermilch
140 g Cashewkerne
95 g Datteln
1 ½ EL Backpulver
290 g Weizenvollkornmehl
1 Prise Salz
110 ml Sonnenblumenöl

Nährwerte p. P.

721 kcal
87 g Kohlenhydrate
36 g Fett
12 g Eiweiß

1 Vier Bananen schälen und zerdrücken. Nüsse mixen.

2 Öl und Milch mit den Bananen vermengen, dann die übrigen Zutaten, bis auf die Schokolade und die Datteln, unterrühren. Anschließend Datteln und Schokolade hacken und unterheben.

3 Schmortopf mit Backpapier auslegen, Teig hineinfüllen und glatt streichen.

4 Letzte Banane schälen, längs halbieren und mit der Schnittseite nach oben in den Teig drücken. Deckel aufsetzen und in den kalten Ofen schieben. Bei 190 °C Ober-/Unterhitze 50-60 Minuten backen. Dann den Deckel entfernen und weitere 12-15 Minuten backen.

BEEREN-QUARK-TOPF MIT GRANOLA

4 Port.

2 Std.

Leicht

Zutaten

480 g Magerquark
480 g Beeren, frisch
140 g Haferflocken
35 g Ahornsirup
2 Eier
35 g Zucker
1 Pck. Vanillezucker
35 g Sonnenblumenöl
1 Pck. „Sahne"-Puddingpulver
1 Prise Salz

Nährwerte p. P.

469 kcal
58 g Kohlenhydrate
14,5 g Fett
24 g Eiweiß

1 Eier trennen und das Eiweiß mit dem Salz aufschlagen. Nach und nach Zucker hinzufügen. Quark, Puddingpulver und Vanillezucker mit den Eigelben vermengen.

2 Beeren in den Schmortopf geben. Eischnee vorsichtig mit dem Quark vermischen und auf die Beeren streichen.

3 Öl, Ahornsirup und Haferflocken vermengen und auf die Quarkmasse geben. Topf in den kalten Ofen setzen und bei 175 °C Ober-/Unterhitze ca. 45 Minuten backen. 12-15 Minuten vor Ende der Backzeit den Deckel herunternehmen.

PFLAUMEN-HAFERFLOCKEN-AUFLAUF MIT HASELNÜSSEN

6 Port. 1,5 Std. Mittel

Zutaten

45 g Zucker
1 Handvoll Haselnüsse, gehackt
240 g Haferflocken
3 Eier
1 Pck. Vanillezucker
240 ml Sahne
620 g Pflaumen
160 g Butter

Nährwerte p. P.

655 kcal
51 g Kohlenhydrate
44 g Fett
10 g Eiweiß

1 Butter erwärmen, Haferflocken darin anrösten. Dann umfüllen.

2 Pflaumen säubern, entsteinen und halbieren. Die Hälfte der Haferflocken in den Schmortopf geben, Pflaumen darauf verteilen und den anderen Teil der Haferflocken darüber geben.

3 Sahne und Eier verrühren und 30 g Zucker und Vanillezucker unterrühren. Auf die Haferflocken-Butter-Mischung geben. Darauf den übrigen Zucker und die Nüsse streuen. Bei 210 °C Ober-/Unterhitze mit geschlossenem Deckel 1 Stunde backen.

SÜSSE BIRNEN IN ROTWEIN

6 Port.

1 Std.
20 Min.

Leicht

Zutaten

2 Nelken
6 Birnen
60 g brauner Zucker
1 Sternanis
240 ml Rotwein
1 Zimtstange
280 g Schlagsahne

Nährwerte p. P.

330 kcal
38 g Kohlenhydrate
18 g Fett
2 g Eiweiß

1 Birnen säubern, halbieren und das Kerngehäuse herausschneiden. Den Rest der Zutaten, bis auf die Sahne, in den Topf geben und kurz verrühren.

2 Birnen zufügen und den Deckel auflegen. Alles bei 175 °C Ober-/Unterhitze ca. 40 Minuten backen. Sahne steif schlagen und dazu servieren.

RHABARBERKOMPOTT MIT ZIMTZUCKER-NUDELHAUBE

4 Port.

1 Std.

Leicht

Zutaten

740 g Rhabarber, gesäubert
45 g Butter
2 EL Erdbeermarmelade
1 Pck. Vanillepuddingpulver
190 g kleine, dünne Nudeln
Etwas Zimt
170 g Zucker
Etwas Wasser
Salz
Vanillesoße

Nährwerte p. P.

228 kcal
30 g Kohlenhydrate
12 g Fett
5 g Eiweiß

1 Rhabarber stückeln und mit etwas Wasser, 95 g Zucker, Marmelade und dem Puddingpulver im Topf vermengen.

2 Deckel aufsetzen und in den kalten Ofen geben. Bei 190 °C Ober-/Unterhitze ca. 35-45 Minuten backen.

3 Nudeln in Salzwasser gar kochen und abgießen.

4 Den Rest des Zuckers mit dem Zimt vermengen. Nudeln mit 1/3 des Zimtzuckers und der Butter verrühren.

5 10 Minuten vor Ende der Backzeit Rhabarberkompott durchrühren, Nudelmischung darüber geben und den Rest des Zimtzuckers darauf streuen. Fertig backen und mit etwas Vanillesoße genießen.

DAMPFNUDELN

4 Port.

45 Min.

Leicht

Zutaten

480 g Mehl
1 Pck. Vanillezucker
40 g Hefe
Salz
370 ml Milch
4 Eier
60 g Butter

Nährwerte p. P.

720 kcal
102 g Kohlenhydrate
22 g Fett
25 g Eiweiß

1 240 ml Milch erwärmen und mit der Hefe und dem Mehl vermengen. 15 Minuten gehen lassen.

2 Butter, etwas Salz und Eier unterrühren.

3 Die restliche Milch, Butter in Flocken und Vanillezucker in den Schmortopf geben und verrühren. Aus dem Teig Dampfnudeln formen, hineinlegen, Deckel aufsetzen und in den kalten Ofen stellen. Bei 240 °C Ober-/Unterhitze auf mittlerer Schiene 20 Minuten backen.

BRATÄPFEL MIT MARZIPAN UND ROSINEN

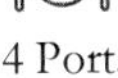
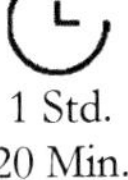

4 Port. | 1 Std. 20 Min. | Leicht

Zutaten

110 g Marzipan
75 ml Apfelsaft
1 EL Zimt
2 EL Rosinen
2 EL Mandeln
4 große Äpfel
1 Pck. Vanillesoße
1 EL Zucker

Nährwerte p. P.

396 kcal
60 g Kohlenhydrate
15 g Fett
10 g Eiweiß

1 Rosinen in die Hälfte des Safts legen. Die andere Hälfte mit der Hälfte des Zimts und dem Marzipan verrühren, ggf. kurz warm machen.

2 Nüsse hacken, Rosinen abtropfen und beides zu der Marzipanmasse geben.

3 3, Äpfel säubern und Gehäuse ausstechen. Marzipanmasse in die Äpfel geben und in den Topf setzen. Den Rest des Apfelsaftes in den Topf gießen.

4 In dem zunächst kalten Ofen bei 190 °C Ober-/Unterhitze rund 25 Minuten garen. Danach ohne Deckel kurz weiterbacken, vorher den Zucker mit dem übrigen Zimt vermischen und auf die Äpfel streuen, bis die Äpfel weich sind. Mit der Vanillesoße genießen.

GEBACKENER KIRSCH-KOKOS-AUFLAUF

8 Port.

1,5 Std.

Leicht

Zutaten

45 g Butter
55 ml Kirschsaft
7 EL Mehl
Kokoseis
480 g Kirschen aus dem Glas, entsteint
Abgeriebene Schale einer halben Zitrone
70 g Zucker
Etwas Rum
Kokosflocken
1 Prise Salz
480 ml Milch
95 g Haselnüsse
4 Eier
Puderzucker

Nährwerte p. P.

404 kcal
43 g Kohlenhydrate
21 g Fett
9 g Eiweiß

1 Kirschen abtropfen und mit dem Kirschsaft und dem Rum in eine Schüssel geben.

2 Mehl, Nüsse, das Salz, 45 g Zucker und Kokosflocken vermengen. Milch hinzugießen und mit einem Mixer verrühren, bis Bläschen entstehen. Dann Zitronenschale hinzufügen und Kirschen unterrühren.

3 Butter in Flöckchen im Schmortopf verteilen und Teig hineinfüllen. Den übrigen Zucker darüberstreuen und in den kalten Ofen setzen. Bei 210 °C Ober-/Unterhitze ca. 60 Minuten backen. Danach mit Puderzucker bestreuen und mit dem Eis servieren.

LEICHTES NUSSBROT

6 Port.

2 Std.

Leicht

Zutaten

Für den Teig:
45 g Haselnüsse
260 ml lauwarmes Wasser
1 TL Salz
1 Pck. Trockenhefe
75 g ungesalzene Erdnüsse
510 g Weizenmehl
75 g Zucker
45 g Butter

Außerdem:
Öl
Etwas Weizenmehl

Nährwerte p. P.

542 kcal
81 g Kohlenhydrate
19 g Fett
14 g Eiweiß

1 Nüsse hacken und ohne Fett anbraten. Die Hälfte des Zuckers hinzugeben und schmelzen lassen. Danach abkühlen lassen.

2 Warmes Wasser mit ½ EL Zucker, 1 EL Mehl und Hefe mischen und zugedeckt 20 Minuten an einem warmen Ort ruhen lassen.

3 Das übrige Mehl und den Rest des Zuckers sowie Salz und Nüsse vermengen. Mittig eine Mulde eindrücken und die Hefemischung hineingeben. Butter zufügen und alles ein paar Minuten zu einem Teig mixen.

4 Den Teig mit Mehl bestreuen und abgedeckt so lange ruhen lassen, bis er sich vergrößert hat. Dann erneut durchkneten und zu einer 20-22 cm langen Rolle formen.

5 Schmortopf fetten, Teigrolle in den Topf legen und weitere 40 Minuten zugedeckt gehen lassen.

6 Den Topf in den kalten Ofen setzen und bei 195 °C Umluft knapp 40 Minuten ba cken. Brot danach 8-12 Minuten im ausgeschalteten Ofen belassen, herausnehmen, ein paar Minuten abkühlen lassen, stürzen und vollständig auskühlen lassen.